Per i Miei Figli

Per i Miei Figli

Insegnamenti di
Sri Mata Amritanandamayi

Mata Amritanandamayi Center, San Ramon
California, Stati Uniti

Per i Miei Figli
Traduzione inglese dal malayalam di
Swami Ramakrishnananda Puri

Pubblicato da:
Mata Amritanandamayi Center
P.O. Box 613
San Ramon, CA 94583
Stati Uniti

————————— *For My Children (Italian)* —————————

Prima edizione a cura del MA Center: agosto 2016

In Italia: www.amma-italia.it

In India:
inform@amritapuri.org
www.amritapuri.org

Indice

Prefazione

L'essenza dell'India risiede nella sua cultura, il cui scopo ultimo è la Realizzazione del Sé, per elevare l'uomo comune alle altezze della Coscienza Suprema. Mentre l'India si rivolge all'Occidente per il benessere ed i piaceri materiali, l'Occidente, disilluso dalla vuota grandezza del materialismo, guarda sempre più alle filosofie orientali per trovarvi guida e rifugio. Dai tempi antichi fino ai giorni nostri, in India sono nati *mahatma* (grandi anime) illuminati con lo scopo di condurre alla meta i ricercatori della Verità ultima.

Ci potremmo chiedere: "Perché devo aver bisogno di una guida spirituale? Non posso semplicemente procedere sul sentiero spirituale per conto mio, dopo aver letto qualche libro?" Se una persona desidera diventare medico, deve studiare sotto la guida di professori preparati, e anche dopo la laurea in medicina, fa pratica in ospedale sotto la direzione di medici esperti. Sono necessari tanti anni per realizzare il sogno di diventare dottore; che cosa dire allora dell'aspirazione a realizzare la Verità Suprema? Se desideriamo la saggezza spirituale, dobbiamo trovare un Maestro spirituale autentico, che abbia studiato, praticato e fatto l'esperienza della Verità, che sia diventato la personificazione vivente della Verità.

Che cosa distingue un vero insegnante da un impostore? In presenza di un saggio illuminato che è immerso nella divinità, si percepisce un'inconfondibile e tangibile aura di amore e tranquillità. Ci si accorge che il saggio tratta tutti allo stesso modo, con un amore illimitato e completamente incondizionato, indipendentemente da virtù e vizi, posizione sociale, ricchezza, razza o religione di ciascuno. Ogni parola ed azione di un vero Maestro ci aiutano ad elevarci spiritualmente. In Lui non c'è traccia d'ego o d'egoismo. Il mahatma riceve e serve tutti a braccia aperte.

L'esempio ideale di un tale Maestro si può trovare in Sri Mata Amritanandamayi Devi, venerata in tutto il mondo come l'incarnazione della Madre Universale. Questo libro contiene una selezione dei Suoi insegnamenti spirituali e risponde a domande che ci si pone spesso. Le parole della Madre hanno la semplicità del linguaggio di una ragazza di villaggio e allo stesso tempo la profonda e immediata qualità di chi parla dal piano dell'esperienza divina. I Suoi insegnamenti sono universali ed applicabili alla nostra vita quotidiana, sia che noi siamo seri aspiranti spirituali, persone sposate o addirittura scettici.

Gli insegnamenti della Madre ci chiedono di riflettere. Non si tratta di frasi fiorite che evitano qualsiasi sforzo alla mente e all'intelletto. Al contrario, dobbiamo far uso dell'intelletto e dell'intuizione per contemplare le Sue parole e per ricavarne il significato completo e implicito. A volte può sembrare che una frase sia incompiuta o non adeguatamente spiegata ma, quando è stata consultata per un ulteriore chiarimento, la Madre ha risposto: "Bisogna rifletterci su." Quindi i principi esposti richiedono contemplazione, non eccessive spiegazioni. Se siete seriamente interessati alla Realizzazione del Sé e vi dedicate con sincerità ed umiltà allo studio e alla pratica di questi insegnamenti, potrete sicuramente raggiungere la meta. Aprite questo libro a caso e notate se le parole della Madre non vi parlano.

Breve sintesi della vita della Madre

"Fin dalla nascita ebbi un intenso amore per il Nome di Dio, tanto che ripetevo il Suo Nome incessantemente ad ogni respiro. Così c'era nella mia mente un costante flusso di pensieri divini, indipendentemente dal luogo in cui mi trovavo o dal lavoro che stavo facendo. Questo continuo ricordo di Dio, con amore e devozione, sarebbe di grandissimo aiuto per chiunque aspiri alla Realizzazione Divina."

Nata il 27 settembre 1953 in un remoto villaggio di pescatori lungo la costa sud-occidentale dell'India, Sudhamani (Gioiello di nettare), come fu chiamata dai suoi genitori, portava i segni della divinità sin dalla nascita. Nacque con un'insolita carnagione blu scuro. Sudhamani cominciò a parlare la sua lingua madre, il Malayalam, quando aveva solo sei mesi e cominciò a camminare alla stessa età, senza mai strisciare carponi, come normalmente fanno i bambini.

All'età di cinque anni Sudhamani componeva canti devozionali per Sri Krishna, pieni d'amore e di desiderio intenso per il Signore. I versi, sebbene infantili nella loro innocente semplicità, erano colmi di una straordinaria profondità mistica e filosofica. Per questi canti e per la sua bellissima voce piena di sentimento, Ella diventò molto conosciuta nel villaggio. A nove anni Sudhamani dovette lasciare la scuola, poiché sua madre si era ammalata di reumatismi e non poteva più occuparsi delle faccende domestiche. Alzandosi molto prima dell'alba e lavorando fino alle undici di sera, Sudhamani cucinava per l'intera famiglia, si prendeva cura di mucche, capre ed anitre, faceva il bucato per tutta la famiglia, puliva la casa ed il cortile, ed altro ancora. Nonostante le lunghe ore di lavoro, appena riusciva a trovare un po' di tempo, lo impiegava in meditazione, canti accorati e preghiere al Signore Krishna.

In breve tempo Sudhamani iniziò ad avere molte visioni divine e fece l'esperienza dello stato di *samadhi* (unità con Dio). Verso i diciassette anni questo stato si approfondì in un'unione permanente con il Divino. Ella vedeva il mondo come una manifestazione dell'Uno onnipresente. Bastava un accenno a Dio per far immergere la sua mente in un profondo assorbimento interiore.

In quel periodo, in seguito ad una visione, s'impadronì di Lei un forte desiderio di realizzare la Madre Divina. Sudhamani intraprese severe austerità, rinunciando a cibo, riposo e casa. Questo periodo d'intense *tapas* (austerità) culminò con l'apparizione della Madre Divina che, come un fulgore di Luce Divina, si fuse in Lei. Dopo questa esperienza, Sudhamani perse ogni desiderio di stare con la gente e trascorreva la maggior parte del tempo in solitudine, godendosi la Beatitudine della realizzazione del Sé.

Un giorno Sudhamani sentì una voce dentro di Sé che diceva: "Figlia mia, Io dimoro nel cuore di tutti gli esseri e non ho fissa dimora. Tu non sei venuta al modo soltanto per gioire della pura beatitudine del Sé, ma per portare conforto all'umanità sofferente. D'ora in poi veneraMi nel cuore di tutti gli esseri, alleviando le sofferenze della loro esistenza terrena."

Da quel giorno Sudhamani, che tutti incominciarono a chiamare "Amma" (Madre), ha dedicato ogni istante della Sua vita al benessere dell'umanità. Ogni giorno migliaia di persone giungono a Lei da tutte le parti del mondo per ricevere il Suo amore, la Sua guida e la Sua benedizione, o semplicemente per stare in Sua presenza. La Madre inoltre ha creato una vasta rete di attività caritatevoli, spirituali e nel campo dell'istruzione, tra cui ospedali per poveri, orfanotrofi, 25.000

case per i senza-tetto, una casa di riposo per anziani, una pensione regolare per decine di migliaia di donne poverissime, moltissime scuole, pasti gratuiti, e templi in tutta l'India. Queste manifestazioni pratiche della compassione della Madre continuano a crescere e si espandono ad un ritmo rapidissimo.

Amma ascolta pazientemente i problemi di chiunque arrivi da Lei, li conforta come solo una madre amorevole può fare, e allevia le loro sofferenze.

Amma dice: "Diversi tipi di persone vengono a vedere la Madre, alcuni per devozione, altri per cercare una soluzione ai loro problemi materiali, o per essere curati dalle malattie. Amma non rifiuta nessuno; come potrebbe respingerli? Sono forse diversi da Lei? Non siamo tutti perle infilate sullo stesso filo della vita? Ciascuno vede la Madre secondo il proprio livello di comprensione. Coloro che mi amano e coloro che mi odiano sono lo stesso per me."

La Madre

1

Figli, la madre che vi ha messo al mondo può occuparsi delle questioni riguardanti questa vita. Oggigiorno persino questo è molto raro. Ma lo scopo della Madre è di guidarvi in modo tale che possiate godere della Beatitudine in tutte le vostre vite future.

2

Si può provare dolore quando si fa uscire il pus da una ferita; ma un bravo medico si asterrà forse dal pulire una ferita soltanto perché fa male? Allo stesso modo, quando le vostre *vasana* (tendenze innate latenti) vengono rimosse, sentirete del dolore. Questo è per il vostro bene. Proprio come un giardiniere elimina gli insetti che distruggono i germogli, allo stesso modo la Madre rimuove le vostre tendenze negative.

3

Può essere facile per voi amare la Madre, ma ciò non basta. Cercate di vedere la Madre in tutti. Figli miei, non pensate che la Madre sia confinata soltanto in questo corpo.

4

Figli miei, amare veramente la Madre significa amare tutti gli esseri del mondo allo stesso modo.

5

L'amore di coloro che amano la Madre soltanto quando la Madre dimostra amore nei loro confronti, non è sincero. Solo coloro che si aggrappano ai piedi della Madre nonostante i suoi rimproveri hanno vera devozione.

6

Chi vive in quest'ashram e impara da ogni azione della Madre, raggiungerà la Liberazione. Se si contemplano le azioni e le parole della Madre, non c'è bisogno di studiare alcuna Scrittura.

7

La mente deve aggrapparsi a qualcosa, ma ciò non è possibile senza la fede. Quando si pianta un seme, la sua crescita verso l'alto dipende dalla profondità raggiunta dalle radici. Senza avere radici nella fede, la crescita spirituale non è possibile.

8

Ovunque voi siate, dovete o ripetere silenziosamente il vostro mantra, oppure meditare. Se questo non è possibile, leggete dei libri spirituali; non sprecate tempo. La Madre si preoccupa di meno se dieci milioni di rupie vanno perduti piuttosto che se voi sciupate anche un solo attimo. Il denaro si può riguadagnare, ma non il tempo perduto. Figli miei, siate sempre consapevoli del valore del tempo.

9

Figli miei, la Madre non vi dice di credere in Lei o in un Dio nel cielo. E' sufficiente che crediate in voi stessi. Ogni cosa è in voi.

10

Se amate davvero Amma, fate una pratica spirituale e realizzate il Sé. La Madre vi ama senza aspettarsi nulla da voi. Per lei sarebbe sufficiente vedere i suoi figli immersi nella pace eterna, dimentichi del giorno e della notte.

11

Solo quando proverete amore disinteressato persino verso una formica, la Madre penserà che L'amate veramente. La Madre non considera vero nessun altro tipo d'amore. Il cosiddetto amore nato dall'egoismo è insopportabile per la Madre.

12

La natura della Madre varia a seconda dei vostri pensieri e delle vostre azioni. Il Signore Narasimha (il dio mezzo uomo e mezzo leone) balzò ruggendo con gran ferocia sul re demone Hiranyakashipu ma fu calmo e sereno in presenza di Prahlada. Dio, che è puro e al di là di ogni attributo, adottò comportamenti diversi a seconda delle loro azioni. Allo stesso modo, anche il comportamento della Madre cambia secondo l'attitudine dei suoi figli.

La Madre che voi considerate come l'Incarnazione dell'amore (Snehamayi), a volte può sembrare la Crudele (Krooramayi). Questo serve a correggere gli errori nel comportamento dei suoi figli; la sola intenzione della Madre è di rendervi migliori.

Il Maestro spirituale

13

Una volta che conoscete un particolare negozio nel quale potete comprare tutto quello di cui avete bisogno, perché dovreste girovagare tra tutti i negozi del mercato? E' inutile ed è uno spreco di tempo. Allo stesso modo, se avete trovato un Maestro Perfetto, non c'è più bisogno di vagabondare; fate la vostra pratica spirituale e sforzatevi di raggiungere la meta.

14

Un Maestro spirituale è indispensabile per un ricercatore. Se un bambino si avvicina alla sponda di uno stagno, la madre gli indica il pericolo e lo allontana. Allo stesso modo, il Maestro fornisce al discepolo le istruzioni necessarie. La sua attenzione sarà sempre sul discepolo.

15

Anche se Dio è onnipresente, la presenza di un Maestro spirituale è unica. Anche se il vento soffia ovunque, ne gustiamo la freschezza specialmente all'ombra di un albero. Non è forse vero che la brezza che soffia attraverso le foglie di un albero ha un effetto rinfrescante su coloro che viaggiano sotto il sole cocente? Allo stesso modo un Maestro spirituale è necessario per coloro che vivono nel calore opprimente dell'esistenza mondana. La presenza del Maestro ci dona pace interiore ed armonia.

16

Figli miei, anche sotto il sole l'odore degli escrementi non se ne andrà, a meno che essi non siano all'aria aperta. Allo stesso modo meditare per secoli non rimuoverà le vostre *vasana*, a meno che non viviate con il vostro Maestro spirituale. La grazia del Maestro è necessaria. Egli riverserà la sua grazia solo su una mente innocente.

17

Per progredire spiritualmente è necessario avere un'attitudine di totale abbandono al Maestro spirituale. Quando un bambino impara l'alfabeto, l'insegnate gli guida la mano e lo fa scrivere sulla sabbia. Il movimento del dito del bambino è controllato dall'insegnante, ma se il bambino con superbia pensa 'io so tutto', e non obbedisce all'insegnante, come potrà imparare?

18

Figli, in verità le esperienze sono il Guru di ciascuno. Il dolore è il Maestro che ci avvicina a Dio.

19

Dovremmo avere *bhaya bhakti* (devozione riverenziale) verso il nostro Maestro spirituale. Contemporaneamente si dovrebbe avere un'intima relazione con il Maestro e sentire che Lui ci appartiene. La relazione dovrebbe essere come quella di un bambino con sua madre; per quanto una madre sgridi e allontani il bambino da sé, egli continua ad aggrapparsi a lei. La devozione riverenziale ci aiuterà a progredire spiritualmente, ma il vero beneficio può essere ottenuto soltanto attraverso una stretta relazione con il Maestro.

20

Figli, semplicemente amando il vostro Maestro spirituale le vostre vasana non verranno distrutte. Avete bisogno di devozione e fede basate sui principi essenziali della spiritualità. Per sviluppare ciò è necessario dedicare completamente il proprio corpo, la mente e l'intelletto. Una completa fede ed obbedienza nei confronti del Maestro saranno sufficienti per sradicare le vasana.

21

Poniamo che un seme sia stato piantato all'ombra di un albero. Quando inizia a germogliare, la pianticella deve essere trapiantata, altrimenti non crescerà adeguatamente. Allo stesso modo, un aspirante dovrebbe rimanere con il suo Maestro per almeno due o tre anni; dopo di che dovrebbe compiere pratiche spirituali in un luogo solitario. Questo è necessario per la sua crescita spirituale.

22

Un vero Maestro desidera soltanto il progresso spirituale del discepolo. Il discepolo deve affrontare prove ed avversità per migliorare e rimuovere le proprie debolezze. Un Maestro può persino incolpare un discepolo di errori che non ha commesso. Solo coloro che superano con fermezza tali prove possono crescere.

23

Si può conoscere il vero Guru solo attraverso l'esperienza.

24

Un pollo di batteria non può sopravvivere senza il cibo e l'ambiente idonei; ma un pollo ruspante può vivere con qualunque cibo, in qualsiasi circostanza. Figli miei, gli aspiranti spirituali che vivono con un Maestro sono come i polli ruspanti; avranno il coraggio per superare ogni situazione, niente potrà renderli schiavi. Essi avranno sempre con sé la forza acquisita dal rapporto stretto con il Maestro.

25

Se un discepolo ha verso il Maestro un comportamento possessivo, questa attitudine non viene eliminata facilmente. Può darsi che il discepolo voglia ricevere più amore possibile dal suo Maestro. Qualche discepolo può anche insultare o abbandonare il Maestro quando gli sembra di non ottenere quello che vuole. Se un discepolo vuole l'amore del Maestro deve imparare a servirlo in modo disinteressato.

26

L'ira di Dio può essere placata, ma neppure Dio perdonerà il peccato che deriva dal disprezzare il Maestro.

27

Dio e il Maestro spirituale sono all'interno di tutti, ma nelle prime fasi della pratica spirituale è indispensabile un Maestro esterno. Dopo che è stato raggiunto un certo stadio, però, ciò non è più necessario.

Da questo punto in poi, l'aspirante spirituale sarà in grado di cogliere i principi essenziali in ogni cosa e progredire da sé. Sino a che un ragazzo non diventa consapevole del suo obiettivo, egli studia le lezioni per paura dei genitori e degli insegnanti. Una volta che diventa conscio della sua meta, allora studia di sua iniziativa, trascurando persino il sonno, il cinema e gli altri divertimenti. La paura e la riverenza avuta fino a quel momento verso i genitori non era una debolezza. Figli, quando sorge in voi la consapevolezza della meta finale, allora si risveglia spontaneamente in voi anche il Guru interiore.

28

Anche se si viene a contatto con un Maestro spirituale, si sarà accettati come discepoli solo se si è idonei. Non si può conoscere il Maestro senza la grazia del Maestro. Colui che cerca davvero la Verità, avrà umiltà e semplicità. La grazia del Maestro si riverserà soltanto su una tale anima. Un individuo pieno d'ego non può avere accesso al Maestro.

29

Figli, si può dire: "Io e Dio siano la stessa cosa", ma un discepolo non dirà mai: "Il mio Maestro ed io siamo una cosa sola", perché il Maestro spirituale è colui che risveglia l'io divino in lui. Quella grandezza unica rimarrà per sempre. Il discepolo dovrà comportarsi di conseguenza.

30

Proprio come la chioccia protegge i pulcini appena nati sotto le sue ali, il vero Maestro si prende totalmente cura di coloro che vivono secondo le sue istruzioni. Il Maestro farà notare persino gli errori insignificanti e li correggerà immediatamente. Il Maestro non permetterà che si sviluppi nemmeno un granello di ego nel discepolo. Al fine di potare l'orgoglio di qualcuno, a volte il Maestro potrà agire in maniera apparentemente crudele.

31

Quando guardate un fabbro forgiare con il suo martello un pezzo di ferro arroventato, potreste pensare che egli sia una persona crudele. Anche il pezzo di ferro può pensare che al mondo non esista un altro bruto come lui. Ma ad ogni colpo che sferra, il fabbro pensa soltanto alla nuova forma che ne uscirà. Figli, anche il vero Maestro spirituale è così.

Dio

32

Molte persone chiedono: "C'è un Dio? Se c'è un Dio, dov'è?" Chiedete loro: "E' nato prima l'uovo o la gallina?" oppure "E' venuta prima la noce di cocco o la palma?" Chi può rispondere a domande simili? Al di là della noce di cocco e della palma vi è una forza vitale che è il substrato di ogni cosa, un potere che è al di là delle parole. Quello è Dio. Figli, quella Causa Primordiale di ogni cosa è Dio.

33

Figli miei, negare l'esistenza di Dio è come usare la lingua per dire: "Non ho la lingua". Proprio come l'albero è contenuto nel seme ed il burro nel latte, così Dio dimora in ogni cosa.

34

Anche se un albero è latente in un seme, per germogliare quest'ultimo deve avere l'umiltà di andare sotto terra; ci deve essere un'attitudine di umiltà. Perché l'uovo possa schiudersi, la chioccia dovrà covarlo; è necessaria molta pazienza. Il burro può essere separato dal latte soltanto quando il latte si solidifica, si caglia e si sbatte nella zangola. Anche se Dio è onnipresente, è necessario un grande sforzo per realizzarLo.

35

Dio non si vede dove ci sono ego ed egoismo. Se Dio si avvicina a noi di un metro per le nostre preghiere sincere, Egli si allontanerà da noi di chilometri a causa del nostro egoismo. Potete saltare in un pozzo in un attimo, ma uscirne è difficile. In modo simile, la grazia di Dio, che è così difficile da ottenere, può essere persa in un attimo.

36

Figli miei, anche se si compiono austerità per molte vite, la realizzazione di Dio non è possibile se non si hanno un desiderio intenso ed un amore puro per l'Essere Supremo.

37

Una donna è vista come sorella da suo fratello, moglie da suo marito e figlia da suo padre. Indipendentemente da come ciascuno la considera, lei rimane la stessa persona. Allo stesso modo, Dio è Uno. Ognuno vede Dio in modo diverso, secondo la propria attitudine.

38

Dio può assumere qualunque forma. Quando, giocando con l'argilla, ricavate forme diverse, come un elefante e un cavallo, l'argilla rimane sempre la stessa; tutte queste forme sono latenti nell'argilla. Analogamente, nel legno può essere scolpita qualsiasi forma, ma se guardate il legno in quanto tale allora lo vedrete per quello che è. Allo stesso modo, Dio è onnipresente e non ha attributi, ma rivela Se stesso a seconda della nostra attitudine.

39

Figli miei, proprio come l'acqua si trasforma in ghiaccio e poi può tornare ad essere acqua, Dio, con la sua volontà, può assumere qualunque forma e tornare poi alla Sua natura originale.

40

Se si costruisce una diga, l'acqua che scorre in differenti direzioni può essere raccolta in un bacino. Con la forza di una cascata prodotta in questo modo, si può generare elettricità. Similmente, se la mente che adesso vaga tra vari oggetti sensoriali viene addestrata a concentrarsi, attraverso quel potere di concentrazione si può conseguire la visione di Dio.

41

Figli miei, se prendiamo rifugio in Dio non c'è più nulla da temere; Egli si prenderà cura di ogni cosa. Vi è un gioco per bambini chiamato 'Libero!': un bambino rincorre gli altri cercando di toccarli, mentre gli altri scappano per non farsi toccare. Se i bambini riescono a raggiungere un determinato albero, sono 'liberi' e non possono più essere presi. Allo stesso modo se ci aggrappiamo a Dio, nessuno potrà farci più nulla.

42

Quando una persona guarda il ritratto di suo padre non pensa all'artista o al pennello, ma si ricorda soltanto di suo padre. Allo stesso modo un devoto vede Dio, il Padre e la Madre Universali, nelle immagini sacre. Un ateo potrebbe dire che è lo scultore a dover essere venerato, e non l'immagine. Egli dice così soltanto perché non ha alcun concetto di Dio e non conosce il principio alla base della venerazione delle immagini sacre.

43

Non serve a niente incolpare Dio per l'ingiustizia ed i problemi del mondo. Dio ci ha indicato il sentiero giusto da seguire e non è responsabile delle sofferenze che noi creiamo non seguendo la Sua via. E' inutile dare la colpa a Dio. Una madre dice a suo figlio: "Non camminare sull'orlo dello stagno" oppure "non toccare il fuoco." Se il bambino si rifiuta di obbedire e cade nello stagno o si brucia la mano, perché incolpare la madre?

44

Coloro che siedono oziosi e dicono: "Dio farà ogni cosa", sono dei fannulloni. Dio ci ha dato l'intelligenza per compiere ogni azione con discernimento. Se diciamo che Dio si occuperà di ogni cosa, allora a cosa serve la nostra intelligenza?

45

Qualcuno potrebbe argomentare: "Se ogni cosa è l'espressione della Volontà di Dio, allora non è Dio che ci fa commettere gli errori?" Dire questo non ha senso. La responsabilità di ogni azione compiuta con il senso dell'ego ricade su colui che la compie, non su Dio. Se crediamo davvero che sia stato Dio a farci commettere un crimine, dovremmo accettare la sentenza di condanna espressa dal giudice come proveniente anch'essa da Dio. Siamo in grado di fare ciò?

46

Figli miei, la realizzazione di Dio e la realizzazione del Sé sono la stessa cosa. Apertura di mente, perfetta equanimità e capacità di amare tutti, questa è la realizzazione di Dio.

47

Anche se tutti gli esseri del mondo ci amassero, questo non potrebbe darci nemmeno una frazione infinitesimale della Beatitudine che sperimentiamo nell'attimo in cui gustiamo l'amore di Dio. Figli miei, la Beatitudine che otteniamo dal Suo amore è così grande che non ha paragoni con nessun altro tipo d'amore.

48

Per il semplice fatto che Dio non è visibile, si può affermare che Dio non esiste?
Molte persone non hanno mai visto il proprio nonno, ma non per questo pensano che il loro padre non abbia avuto un padre.

49

Da bambini facciamo tante domande, impariamo molte cose da nostra madre e facciamo quello che lei ci dice. Crescendo, raccontiamo i nostri problemi agli amici. Da adulti ci confidiamo con nostro marito o nostra moglie; questo è il nostro *samskara* (disposizione interiore). Dobbiamo cercare di cambiare questa tendenza. Dovremmo confidare i nostri dolori a qualcosa di molto più grande. Abbiamo bisogno di condividere i nostri dolori con qualcuno, non possiamo progredire senza un compagno; ma lasciamo che quel compagno e confidente sia Dio.

50

L'amico di oggi può essere il nemico di domani. L'unico amico nel quale possiamo sempre confidare ed in cui possiamo trovare rifugio è Dio.

51

Dio guadagna qualcosa se crediamo in Lui? Il sole ha forse bisogno della luce di una candela? E' il credente che trae beneficio dalla sua fede. Quando abbiamo fede ed adoriamo Dio in un tempio e osserviamo la canfora che viene accesa in offerta a Dio, siamo noi stessi che sperimentiamo la concentrazione e la pace.

52

Persone di religioni diverse hanno abitudini diverse e luoghi di culto diversi, ma Dio è uno solo. Anche se il latte è detto "pal" in malayalam e "dhud" in hindi, la sostanza ed il colore sono esattamente gli stessi. I cristiani venerano Cristo, i musulmani chiamano Dio 'Allah'. La

forma di Sri Krishna non è la stessa in Kerala
e nel nord dell'India, dove è raffigurato con un
turbante, e così via. Ogni persona comprende
ed adora Dio secondo la propria cultura ed
inclinazione. Le incarnazioni divine hanno
raffigurato lo stesso Dio in forme diverse, a
seconda delle necessità del tempo e le prefe-
renze delle persone.

53

Per liberarvi dall'identificazione con il corpo
ed elevarvi sino al livello del Sé Supremo,
dovreste provare lo stesso disperato desiderio
che ha una persona intrappolata in una casa
in fiamme o di colui che sta affogando e non
sa nuotare. Un ricercatore con una tale inten-
sità non dovrà attendere a lungo per avere la
visione di Dio.

54

Figli, se abbiamo perso la chiave, andiamo
da un fabbro per far aprire la serratura.

Similmente, per aprire la serratura dell'attrazione e della repulsione, dobbiamo cercare la chiave che è nelle mani di Dio.

55

Dio è il substrato di ogni cosa. La nostra fede in Dio farà sbocciare in noi l'amore. Da questo amore nascerà il senso del *dharma* (rettitudine), seguito da un senso di giustizia. Poi sperimenteremo la pace. Dovremmo avere una compassione tale da desiderare di alleviare i dolori altrui tanto quanto vorremmo spalmare una pomata sulla nostra mano ustionata. Possiamo sviluppare questa qualità attraverso una totale fede in Dio.

Mahatma

Grandi Anime

56

"Lo stesso Sé che dimora in tutti gli esseri, dimora anche in me. Nulla è diverso o separato da me. La sofferenza e le difficoltà degli altri sono le mie." Colui che realizza questa verità attraverso la sua esperienza è uno *jnani* (saggio).

57

La differenza tra un'Incarnazione Divina ed un'anima liberata può essere paragonata alla differenza fra un cantante nato con un talento innato per la musica ed uno che ha imparato solo recentemente a cantare. Il primo può imparare una canzone semplicemente ascoltandola una volta, mentre per il secondo ci vorrà più tempo.

58

Poiché ogni cosa è parte di Dio, siamo tutti delle Incarnazioni Divine. Ma coloro che non sanno di essere parte di Dio e pensano "Io sono il corpo; questa è la mia casa, la mia proprietà", sono dei *jiva* (anime individuali).

59

La discesa di Dio sulla terra in forma umana è detta *avatar* (Incarnazione Divina). L'avatar ha un senso di pienezza che gli altri non hanno. Poiché gli avatar sono una cosa sola con la Natura, la loro mente non è ciò che siamo soliti chiamare "mente." Tutte le menti sono parte della Mente dell'Incarnazione Divina. Un'Incarnazione è la Mente Universale. Essa è al di là di tutte le coppie di opposti, come purezza ed impurità, gioia e dolore.

60

Nessuna limitazione vincola un'Incarnazione Divina. Un avatar, immerso costantemente in

Brahman (l'Essere Assoluto), è come un iceberg nell'oceano. Tutto il potere di Dio non può essere confinato in un corpo umano alto meno di due metri, ma Dio può lavorare a piacere attraverso questo piccolo corpo. Questa è la qualità unica di un'incarnazione divina.

61

Le Incarnazioni Divine sono un grande aiuto per avvicinare la gente a Dio. E' soltanto per amor vostro che Dio assume una forma. Un avatar non è il corpo, anche se appare come tale.

62

Ovunque vada un mahatma, le persone si radunano intorno a lui. Le persone sono attratte da un mahatma come la polvere in un vortice d'aria. Il suo respiro e persino la brezza che tocca il suo corpo sono di beneficio per il mondo.

63

Figli, Gesù fu crocifisso e Sri Krishna fu ucciso da una freccia. Tutto questo avvenne soltanto per loro volontà. Nessuno può avvicinare un'Incarnazione Divina senza che egli lo voglia. Krishna e Gesù avrebbero potuto ridurre in cenere coloro che li osteggiavano, ma non lo fecero. Assunsero il corpo per dare un esempio al mondo. Vennero a dimostrare cosa significa il sacrificio.

64

Un *sannyasi* (monaco) è colui che ha rinunciato ad ogni cosa. I sannyasi sopportano e perdonano gli errori degli altri e li portano con amore sulla strada giusta. Essi rappresentano il sacrificio di se stessi; sono sempre pieni di beatitudine e per la loro gioia non dipendono da oggetti esterni. Essi dimorano nel loro stesso Sé.

65

Un adulto che cammina tenendo per mano un bambino piccolo, cammina lentamente a piccoli passi, affinché il bambino non inciampi e non cada. Allo stesso modo, per elevare le persone comuni, bisogna prima di tutto scendere al loro livello. Un ricercatore spirituale non dovrebbe mai essere orgoglioso e pieno di sé, pensando: "Io sono un sannyasi.". Egli deve essere un esempio per il mondo.

66

Sri Krishna, in vita sua, interpretò molti ruoli: mandriano, re, messaggero, persona sposata e cocchiere. Non rimase mai distaccato, pensando: "Sono il Re!" Krishna insegnò come guidare un'altra persona comportandosi con lei secondo i suoi *samskara* (disposizioni mentali). Soltanto anime così grandi possono guidare il mondo.

67

Ci sono individui che indossano l'abito ocra e dichiarano orgogliosamente: "Sono un sannyasi." Tuttavia sono come tuberi selvatici: la varietà selvatica e quella coltivata hanno un aspetto simile ma la pianta selvatica non produrrà tuberi. L'ocra è il colore del fuoco. Soltanto coloro che hanno bruciato la coscienza del corpo sono degni di indossare l'abito ocra.

Scritture

68

Figli, le Scritture sono le esperienze dei *rishi* (saggi realizzati). Esse non possono essere comprese con l'intelletto. Possono essere realizzate soltanto attraverso l'esperienza personale.

69

Non c'è bisogno di imparare tutte le Scritture; esse sono vaste come l'oceano. Dovremmo coglierne soltanto i principi essenziali, come perle dal mare. Una persona che mastica un pezzo di canna da zucchero, ingoia solo il succo e sputa lo stelo.

70

Soltanto colui che ha fatto pratiche spirituali può afferrare gli aspetti sottili delle Scritture.

71

Il semplice studio delle Scritture non condurrà alla perfezione. Per curare una malattia non basta leggere semplicemente la spiegazione sul flacone della medicina; il farmaco deve essere ingerito. La liberazione non può essere raggiunta soltanto studiando delle Scritture; la pratica è essenziale.

72

La pratica della meditazione unita allo studio delle scritture, è meglio della meditazione senza la conoscenza intellettuale. Se la mente di una persona che ha studiato le Scritture si agita, essa non si deprimerà e sarà in grado di riguadagnare la forza interiore riflettendo sulle parole delle Scritture. Le parole delle Scritture lo aiuteranno a superare le sue debolezze. Soltanto coloro che uniscono una pratica spirituale allo studio delle Scritture possono davvero servire il mondo disinteressatamente.

73

Lo studio delle Scritture è necessario. Colui che ha studiato agricoltura può facilmente piantare e coltivare una palma da cocco. Se si manifestano sintomi di malattia egli sa come curarla, perché conosce i rimedi appropriati.

74

Disegnare semplicemente una noce di cocco non ci disseta. Per avere delle noci di cocco si deve piantare e coltivare una palma. Allo stesso modo, per avere l'esperienza di tutto ciò che è descritto nelle Scritture, si deve fare pratica spirituale.

75

Colui che passa il suo tempo ad imparare le parole delle Scritture senza fare alcuna pratica spirituale è come lo sciocco che cerca di vivere dentro il progetto di una casa.

76

Se un viaggiatore conosce la rotta, il viaggio sarà facile e giungerà presto a destinazione. Figli, le Scritture sono la mappa che ci mostra il cammino verso la nostra meta spirituale.

77

Colui che ha scelto la vita spirituale non dovrebbe passare più di tre ore al giorno nello studio delle Scritture. Il resto del tempo dovrebbe essere dedicato alla ripetizione del mantra e alla meditazione.

78

L'eccessiva indulgenza nello studio delle Scritture v'impedirà di meditare. Avrete sempre il desiderio di insegnare agli altri e penserete: "Io sono Brahman (l'Essere Supremo), perché dovrei meditare?" Anche se cercherete di sedervi in meditazione, la mente non ve lo permetterà e vi costringerà ad alzarvi.

79

Figli, che cosa otterrete passando tutta la vita a studiare le Scritture? Per conoscerne il gusto dello zucchero non c'è bisogno di mangiarne un sacco intero; un pizzico sarà sufficiente.

80

Un chicco di grano nel granaio crede d'essere autosufficiente e pensa: "Perché dovrei andar sotto terra?" Non si rende conto che può moltiplicarsi ed essere utile agli altri solo se esce dal granaio e germoglia. Rimanendo nel granaio diventa solo cibo per topi. Colui che studia le Scritture senza fare pratica spirituale è come il chicco nel granaio. Come può fare un uso corretto di quella conoscenza senza una pratica spirituale? Certe persone sono come pappagalli, sanno solo ripetere: "Io sono Brahman, io sono Brahman".

Jnana, Bhakti e Karma Yoga

I sentieri della Conoscenza, della Devozione e dell'Azione

81

A qualcuno piace mangiare il jack fruit crudo, qualcun altro può preferirlo bollito e ad una terza persona può piacere fritto. Anche se hanno dei gusti diversi, tutti mangiano il frutto per calmare la fame. Allo stesso modo, ogni persona intraprende un sentiero diverso per conoscere Dio. Figli miei, qualunque sentiero scegliate di percorrere, la meta è la stessa: la realizzazione di Dio.

82

La devozione senza una corretta comprensione dei principi essenziali della spiritualità può portare solo all'attaccamento, non può condurre alla liberazione. Il gelsomino rampicante non cresce verso l'alto; i suoi rami si estendono lateralmente attaccandosi ad altri alberi.

83

Conoscenza senza devozione è come masticare pietre.

84

Avere una vera devozione radicata nei principi essenziali della spiritualità significa prendere rifugio nell'unico Dio, che si manifesta in ogni cosa, con amore disinteressato, senza pensare che ci sono tante divinità separate. Bisogna procedere tenendo bene a mente la destinazione finale. Se si vuole andare ad est è inutile viaggiare verso ovest.

85

Figli miei, lo scopo della vita è la realizzazione del Sé. Sforzatevi di raggiungerla! La pomata va applicata solo dopo aver pulito la ferita, altrimenti questa non guarirà e potrebbe infettarsi. Allo stesso modo, la conoscenza suprema deve essere impartita soltanto dopo aver lavato via l'ego con l'acqua della devozione e dell'amore. Soltanto allora inizierà lo sviluppo spirituale.

86

Se viene sciolto e purificato, il burro non diventa rancido. Ma se si rifiutasse di fondere dicendo con superbia: "Io sono il burro!", col tempo incomincerebbe a puzzare. Figli miei, è soltanto con la devozione che l'ego ed altre impurità possono essere sciolte.

87

Alcune persone chiedono perché Amma dia così tanta importanza al *bhakti yoga* (il sentiero della devozione e dell'amore). Figli miei, persino Shankaracharya, che fondò la filosofia dell'*advaita* (non dualistica), alla fine scrisse un brano devozionale, il *Saundarya Lahari*. Il saggio Vyasa, che compose i *Brahma Sutra*, fu soddisfatto solo dopo aver scritto lo *Srimad*

Bhagavatam, che rende lode alla vita di Sri Krishna. Rendendosi conto che parlare dell'*advaita* o della filosofia dei *Brahma Sutra* non serviva alla gente comune, Shankaracharya e Vyasa composero le loro opere devozionali. Solo una o due persone su mille possono essere in grado di raggiungere la meta attraverso lo *jnana yoga* (il sentiero della conoscenza e della saggezza). Come può Amma non tenere in considerazione tutti gli altri? A loro farà del bene soltanto il *bhakti yoga*.

88

Se seguiamo il cammino della devozione e dell'amore possiamo gustare il frutto della beatitudine sin dall'inizio; mentre sugli altri sentieri il frutto si gusta soltanto verso la fine. Il cammino della devozione è come l'albero del jack fruit, che fruttifica anche alla base, mentre per cogliere i frutti di altri alberi ci si deve arrampicare fino in cima.

89

Inizialmente dovremmo avere *bhaya bhakti* (la devozione con una sorta di soggezione e reverenza) verso Dio. In seguito ciò non sarà più necessario. Quando si raggiunge lo stato di amore supremo la soggezione e la reverenza scompaiono.

90

Tutti dicono che è sufficiente compiere azioni. Ma per compiere azioni nel modo giusto è necessaria la conoscenza. Un'azione fatta senza la conoscenza non sarà un'azione corretta.

91

Le azioni compiute con molta attenzione vi condurranno a Dio. Siate attenti e vigili, perché solo così potrete ottenere la concentrazione. Spesso soltanto dopo aver fatto qualcosa, ci rendiamo conto che avremmo potuto fare molta più attenzione. Dopo aver lasciato l'aula degli esami lo studente pensa: "Oh no! Avrei dovuto rispondere in quel modo!" A cosa serve pensarci dopo?

92

Figli miei, ogni azione dovrebbe essere eseguita con grande attenzione e vigilanza. Le azioni compiute senza queste qualità sono inutili. Un aspirante spirituale può ricordare i dettagli di atti compiuti molti anni prima grazie all'estrema attenzione con cui erano stati eseguiti. Dovremmo compiere con molta attenzione anche azioni apparentemente banali.

93

Un ago può sembrare una cosa insignificante, ma quando lo usate dovete fare molta attenzione, altrimenti non riuscite a farvi passare il filo. Quando cucite, se siete disattenti anche solo per un attimo, l'ago potrebbe pungervi un dito. Inoltre non buttereste mai l'ago distrattamente per terra, perché potrebbe pungere il piede di qualcuno, facendogli male. Un aspirante spirituale dovrebbe avere la stessa attenzione mentre fa qualunque lavoro.

94

Non dovremmo parlare mentre lavoriamo. Se parliamo perdiamo la concentrazione; e lavorare senza concentrazione o attenzione non serve a niente. Qualunque lavoro facciamo, non dobbiamo dimenticarci di ripetere il mantra. Se il tipo di lavoro non ci permette di ripetere il mantra, prima di iniziare dovremmo pregare in questo modo: "Dio, è grazie al Tuo potere che io sto facendo il Tuo lavoro. Dammi la forza e la capacità di eseguirlo bene."

95

Sono poche le persone che hanno la disposizione interiore, ereditata da vite precedenti, per seguire il sentiero dello jnana (conoscenza e saggezza supreme). Ma coloro che hanno un vero Maestro spirituale possono seguire qualsiasi sentiero.

96

Come prima cosa è necessaria la vigilanza esterna e la consapevolezza. Se mancano queste qualità non sarà possibile conquistare la propria natura.

97

Colui che pensa costantemente a Dio mentre compie qualunque tipo di lavoro è un vero *karma yogi* e un vero ricercatore spirituale. Una persona così vede Dio in qualsiasi lavoro faccia; la sua mente non è sul lavoro, ma riposa in Dio.

Pranayama

Esercizi di respirazione nello yoga

98

Il *pranayama* deve essere praticato con la massima attenzione. Mentre compie gli esercizi, l'aspirante deve stare seduto con la spina dorsale eretta. Si possono curare le malattie comuni, ma non i disturbi causati dalla pratica scorretta del pranayama.

99

Quando si pratica il pranayama, si verificano dei movimenti intestinali nella parte bassa dell'addome. Esiste una durata di tempo specifica per ogni esercizio di pranayama. Se queste regole non vengono rispettate l'apparato digerente sarà irrimediabilmente danneggiato ed il cibo verrà eliminato senza essere stato digerito. Perciò il pranayama deve essere praticato soltanto sotto la guida diretta di un esperto, che sa esattamente cosa fare ad ogni stadio del progresso spirituale, che può dare le istruzioni necessarie e prescrivere dei rimedi naturali, se ce ne fosse bisogno. Può essere pericoloso praticare il pranayama basandosi solo sui consigli dei libri; questa è una cosa che non andrebbe mai fatta.

100

Figli, il numero di volte in cui il pranayama deve essere eseguito è specifico per ogni stadio. Se queste regole non vengono seguite alla lettera, l'esercizio può essere pericoloso. Sarebbe come cercare di riempire un sacco da cinque chili con dieci chili di riso.

101

Il *kumbhaka* è l'immobilità del respiro che si ottiene quando si raggiunge la vera concentrazione. Si può persino dire che il respiro *è* il pensiero. Il ritmo del respiro cambierà secondo la concentrazione della mente.

102

Anche senza fare pranayama, si può raggiungere il kumbhaka attraverso la devozione. E' sufficiente ripetere il mantra continuamente.

Meditazione

103

Rendere la mente concentrata è la vera istruzione o conoscenza.

104

Potete meditare fissando l'attenzione sul cuore o tra le sopracciglia. Se non siete in grado di sedere confortevolmente in una particolare posizione, potete meditare fissando l'attenzione sul cuore. La meditazione concentrandosi tra le sopracciglia deve essere praticata soltanto alla presenza di un Maestro, perché durante questa pratica la testa può riscaldarsi e possono insorgere mal di testa e capogiri; qualche volta si può soffrire d'insonnia. Il Maestro sa che cosa fare in tali occasioni.

105

La meditazione aiuta a liberare la mente dall'irrequietezza e dalla tensione. Per meditare non è necessario credere in Dio. Si può fissare la mente su qualunque parte del corpo o su qualunque punto. Potete anche immaginare di fondervi nell'infinito, proprio come il fiume si unisce all'oceano.

106

La felicità non deriva dagli oggetti esterni, ma dalla dissoluzione della mente. Con la meditazione possiamo ottenere non solo la beatitudine, ma anche longevità, vitalità, salute, fascino, forza ed intelligenza. Ma deve essere praticata nel modo corretto, in solitudine, con cura ed attenzione.

107

E' possibile ottenere concentrazione e purezza mentale meditando su una delle forme di Dio. Anche senza che ne siamo consapevoli, le qualità *sattviche* della nostra Divinità Prediletta si svilupperanno in noi. Anche quando siete seduti senza fare nulla, non lasciate vagare la mente; ovunque vi cadano gli occhi, immaginate di vedere la forma della vostra Divinità Prediletta.

108

Se volete, potete meditare su una fiamma; sedetevi in una stanza buia e fissate a lungo la fiamma di una candela accesa o un'altra piccola fiamma. E' necessario che la fiamma sia immobile. Si può meditare su di essa visualizzandola nel cuore o tra le sopracciglia. Dopo aver fissato la fiamma per qualche tempo, quando chiuderete gli occhi vedrete una luce: concentratevi su di essa. Potete anche meditare immaginando che la vostra Divinità Prediletta sia nella fiamma oppure, ancora meglio, nel fuoco sacrificale: potete immaginare di offrire il vostro ego, la rabbia, la gelosia e tutte le vostre qualità negative alla vostra Divinità Prediletta, affinché vengano bruciate nel fuoco sacrificale.

109

Non interrompete la meditazione solo perché la forma non è chiara nella vostra mente. Potete visualizzare ogni parte della vostra Divinità Prediletta, cominciando dalla testa sino ai piedi. Fate il bagno rituale alla Divinità. Adornate la Divinità con vesti ed ornamenti. NutriteLa con le vostre mani. Attraverso queste visualizzazioni, la forma della vostra Divinità Prediletta non svanirà dalla mente.

110

Figli, costringere la mente a meditare è come cercare di immergere un pezzo di legno nell'acqua. Quando si allenta la presa, il legno viene immediatamente a galla. Se non riuscite a meditare, ripetete il vostro mantra. Attraverso la ripetizione del mantra aiuterete la mente a meditare.

111

Inizialmente è necessaria la meditazione su una forma. Attraverso di essa fissiamo la nostra mente sulla Divinità Prediletta. In qualsiasi modo meditiate e qualunque possa essere l'oggetto della vostra meditazione, è importante la concentrazione. A cosa serve spedire una lettera, dopo aver incollato i francobolli, se non si scrive l'indirizzo giusto sulla busta? Ripetere il mantra e fare meditazione senza concentrazione è la stessa cosa.

112

E' quando cerchiamo di eliminare i pensieri negativi che questi cominciano a creare problemi. In precedenza, quando indulgevamo in questi pensieri, non n'eravamo disturbati. E' quando adottiamo un'attitudine diversa che diventiamo consapevoli delle nostre negatività. I pensieri negativi erano lì anche prima, ma non li notavamo. Quando questi pensieri sorgono nella mente durante la meditazione, dovremmo riflettere in questo modo: "O mente, a cosa serve soffermarsi su questi pensieri? E' il tuo obiettivo pensare a queste cose?" Dovremmo usare la nostra discriminazione in questo modo. Dobbiamo sviluppare una totale indifferenza verso i pensieri e gli oggetti mondani. Dobbiamo coltivare il distacco, e far crescere il nostro amore per Dio.

113

Figli miei, se vi viene sonno durante la meditazione, fate attenzione a non diventare schiavi della sonnolenza. Se vi sentite assonnati, alzatevi e recitate il mantra camminando, così *tamas* (letargia) se ne andrà. Negli stadi iniziali della meditazione, tutte le qualità tamasiche verranno in superficie. Se sarete vigili, col tempo se ne andranno. Quando vi sentite assonnati recitate il mantra usando il *mala* (rosario). Tenendo il mala vicino al petto, recitate il mantra senza fretta e con attenzione.

Quando meditate, non appoggiatevi a niente e non muovete le gambe.

114

Che voi siate seduti o in piedi, dovreste sempre mantenere la spina dorsale eretta; non meditate con la colonna vertebrale ricurva. La mente è una ladra che aspetta l'opportunità per portarvi via. Se vi appoggiate a qualcosa, vi potreste addormentare senza accorgervene.

115

E' necessario un minimo di tre anni per fissare adeguatamente la forma della meditazione. Inizialmente, guardando un'immagine della vostra Divinità Prediletta, dovreste sforzarvi di ottenere la concentrazione. Dopo aver guardato per dieci minuti la forma della vostra meditazione, potete meditare per dieci minuti con gli occhi chiusi. Se continuate a praticare in questo modo, con il tempo la forma diventerà chiara.

116

Se la forma svanisce dalla vostra mente durante la meditazione, provate a visualizzarla di nuovo. Potete anche immaginare di avvolgere e poi svolgere la fune del *japa* attorno alla vostra Divinità Prediletta, dalla testa ai piedi e dai piedi alla testa. Ciò vi aiuterà a fissare la vostra mente sulla forma.

117

Parlare subito dopo la meditazione è come spendere in noccioline tutti i soldi guadagnati con fatica. Il potere acquisito con la meditazione andrà completamente sprecato.

118

Di notte l'atmosfera è calma, perché a quell'ora le persone mondane, gli uccelli e gli animali sono sopraffatti dal sonno. Ci sono meno vibrazioni di pensieri materiali durante la notte. I fiori sbocciano nelle ore notturne. A quell'ora l'atmosfera ha un effetto unico, e ci carica di energia. Se meditate di notte, la mente si focalizza facilmente e si assorbe a lungo in meditazione. La notte è il momento in cui gli yogi rimangono svegli.

119

Quando meditiamo su una forma, in realtà stiamo meditando sul nostro vero Sé. A mezzogiorno quando il sole è a picco, non c'è ombra. Così è la meditazione su una forma: quando raggiungiamo un certo stadio la forma della nostra meditazione scompare e noi ci fondiamo con Lei. Dopo aver raggiunto lo stadio della perfezione, non c'è più ombra, non c'è più dualità, non c'è più illusione.

Mantra

120

Se i mantra non hanno potere, allora nemmeno le parole hanno potere. Se ad una persona si dice in modo arrabbiato: "Vattene!", l'effetto sarà completamente diverso da quello prodotto dicendogli gentilmente: "Per favore, ora vai." Non è forse vero che queste parole creano reazioni diverse in chi ascolta?

121

Noi recitiamo un mantra per rendere pura la nostra mente, non per soddisfare Dio. A Dio serve forse il mantra?

122

Non disturbate l'intelletto ponderando sul significato del vostro mantra; è sufficiente ripeterlo. Voi siete venuti all'ashram in autobus o in macchina, in barca o in treno, ma una volta arrivati, sprecate forse il vostro tempo a pensare al mezzo di trasporto? Tutto ciò che serve è essere consapevoli della meta.

123

Vi sono diversi tipi di *diksha* (iniziazione): diksha tramite lo sguardo, il tocco o il pensiero di un Mahatma, o tramite il mantra. L'iniziazione con il mantra dovrebbe essere ricevuta da un *Satguru* (Maestro realizzato). Se il maestro è un impostore sarà come usare un filtro sporco per purificare l'acqua; l'acqua diventerà ancora più impura.

124

Figli miei, anche dopo esser saliti sull'autobus e aver acquistato il biglietto, dovete rimanere vigili. Il biglietto deve essere custodito al sicuro; se il controllore ve lo chiederà, e non lo esibirete, egli vi farà scendere dall'autobus. Similmente, non pensate che il vostro lavoro sia finito solo perché vi è stato dato un mantra.

Soltanto se il mantra è usato nel modo giusto vi condurrà alla meta.

125

Figli, è difficile remare nell'acqua coperta di piante acquatiche; ma se queste vengono rimosse, la barca avanza con maggiore facilità. Allo stesso modo, la meditazione sarà più facile se rimuovete le impurità della vostra mente con la ripetizione del mantra.

126

E' importante recitare il mantra con consapevolezza. Mentre ripetete il mantra cercate di evitare tutti gli altri pensieri. Fate attenzione a fissare la mente sulla forma della meditazione o sulle lettere del mantra.

127

Figli miei, recitate sempre il vostro mantra. La mente dovrebbe essere allenata a ripetere il mantra incessantemente, qualunque cosa stiate facendo. Un ragno continua a tessere la ragnatela ovunque vada. Allo stesso modo, nel corso di ciascuna azione, dovremmo continuare mentalmente a fare *japa*.

128

Per quanto nutriamo e accarezziamo un gatto, nel momento in cui ci distraiamo esso ruberà del cibo. Anche la mente è così. Cercate di domare e concentrare la mente ripetendo costantemente il vostro mantra. Camminando, stando seduti, lavorando, il mantra dovrebbe continuare a fluire, come l'olio che viene versato da un recipiente in un altro.

129

Negli stadi iniziali della vostra pratica spirituale, insieme alla contemplazione della forma, è necessaria anche la ripetizione del mantra. Non preoccupatevi se la forma non è chiara nella vostra mente; è sufficiente che continuiate a ripetere il mantra. A poco a poco, la mente si fisserà sulla forma e la ripetizione del mantra rallenterà in modo naturale.

130

Figli, non è necessario cantare tutti i differenti *Sahasranama* (collezione di nomi che descrivono i vari aspetti di una divinità). Uno è sufficiente. Ogni Sahasranama è completo.

131

Figli, ogni qualvolta la mente è irrequieta, ripetete il vostro mantra, altrimenti l'inquietudine aumenterà. Quando la mente non è calma, essa rincorre gli oggetti esterni, e se questo non serve a niente, la mente si rivolgerà verso qualcos'altro. Questi oggetti esterni non possono darvi la pace; solo focalizzando la mente su Dio e ripetendo il vostro mantra potete riportare la quiete nella mente. E' utile anche leggere libri spirituali.

132

I bambini imparano a contare usando il pallottoliere. Con questo metodo possono imparare rapidamente. Allo stesso modo quando incominciate ad imparare a controllare la mente, è bene usare un mala mentre ripetete il vostro mantra. In seguito il mala non sarà più necessario. Se ripetete il mantra regolarmente, il mantra diventerà parte di voi. La ripetizione del mantra continuerà a vostra insaputa anche nel sonno.

133

Anche se meditiamo molto e ripetiamo il mantra, se non amiamo Dio la nostra pratica spirituale sarà senza frutti. Per quanto remiamo la barca contro corrente, essa avanzerà solo poco per volta; ma se mettiamo una vela la barca prenderà velocità. L'amore per Dio è come la vela che ci aiuta ad andare rapidamente verso la meta. Ciò ci aiuterà a raggiungere la nostra destinazione molto facilmente.

Canti devozionali

134

In questo *kali yuga* (l'era oscura) è molto efficace ripetere il mantra e cantare canti devozionali. Il denaro guadagnato vendendo mille acri di terra nei tempi antichi, può essere ottenuto vendendo un acro di terra oggi. Questo è un segno del kali yuga. Figli miei, se si possono guadagnare anche solo cinque minuti di concentrazione, questo è certamente un grande risultato.

135

Al crepuscolo, quando il giorno e la notte s'incontrano, l'atmosfera è piena di vibrazioni impure. Per un ricercatore spirituale questo è il momento migliore per meditare, perché si può ottenere una buona concentrazione. Se al tramonto non state facendo pratiche spirituali, allora nasceranno in noi molti pensieri mondani. Questo è il motivo per cui si dice che al crepuscolo si dovrebbero cantare canti devozionali ad alta voce. Il canto purificherà sia chi canta sia l'atmosfera.

136

Poiché nel kali yuga l'atmosfera è piena di rumori, il canto devozionale è più efficace della meditazione per sviluppare la concentrazione. Per meditare è necessario un ambiente tranquillo; è per questo che il canto dei bhajan è più efficace. Cantando ad alta voce si annullano tutti i rumori che distraggono e si raggiunge la concentrazione. La meditazione è qualcosa al di là della concentrazione. Questo è il processo: canto dei bhajan, concentrazione e poi meditazione. Figli miei, meditazione è il ricordo costante di Dio.

137

Cantare i canti devozionale senza concentrazione è solo uno spreco d'energia. Se invece si cantano con la mente focalizzata, allora saranno di beneficio per chi canta, per chi ascolta e anche per la natura. Col tempo, questi canti aiutano a risvegliare la mente di chi li ascolta.

Voti e altre osservanze spirituali

138

Figli, come la riva arresta le onde del mare, l'osservanza dei voti nel cammino spirituale controlla le onde della mente.

139

In certi giorni (come *ekadasi* e luna piena), ci sono più vibrazioni negative nell'atmosfera. Durante questi periodi è bene osservare un voto di silenzio e mangiare solo frutta. La frutta coperta dalla buccia è difficilmente influenzabile dalle impurità atmosferiche. In quei giorni è particolarmente importante fare la pratica spirituale. Sia che i nostri pensieri siano spirituali o mondani, in quei giorni dovremmo provare a concentrarci di più.

140

Per un ricercatore è bene purificare l'intestino almeno due volte al mese. Le feci accumulate nell'intestino creano agitazione e negatività nella mente. Con una purga, non purifichiamo soltanto il corpo ma anche la mente.

141

Una volta alla settimana fate voto di silenzio e mangiate soltanto frutta; dedicate quel giorno alla meditazione e alla ripetizione del vostro mantra. Ciò sarà di beneficio per il vostro corpo, per la vostra mente e per la vostra pratica spirituale.

142

Per un ricercatore che compie regolarmente la sua pratica spirituale, ogni tanto è utile digiunare. Ciò renderà il corpo e la mente adatti alla meditazione. Però, coloro che oltre a meditare fanno un lavoro faticoso non dovrebbero digiunare completamente, ma mangiare la giusta quantità di cibo. La frutta è molto indicata.

143

Gli aspiranti spirituali dovrebbero pronunciare ogni parola con estrema attenzione. Dovrebbero parlare in un tono così sommesso che chi li ascolta li può sentire soltanto concentrando la mente e l'udito.

144

Figli miei, una persona malata deve sottoporsi a delle restrizioni per guarire. Anche un ricercatore spirituale dovrebbe seguire delle restrizioni fino a quando non raggiunge la meta: per esempio ridurre la conversazione al minimo, fare voto di silenzio, controllare l'alimentazione.

145

Osservare dei voti non è un segno di debolezza. Per costruire una barca si possono usare soltanto assi di legno ricurve, e per curvarle bisogna riscaldarle. Allo stesso modo, osservando una disciplina spirituale portiamo la mente sotto controllo. E non possiamo controllare il corpo senza aver prima domato la mente.

Pazienza e disciplina

146

Figli, la vita spirituale è possibile soltanto per colui che ha pazienza.

147

Non è possibile misurare la crescita spirituale di una persona dalle sue azioni esteriori. Il suo progresso spirituale può essere compreso, in una certa misura, sulla base delle sue reazioni a circostanze avverse.

148

Come può una persona che si arrabbia per piccole cose guidare il mondo? Soltanto una persona che ha pazienza può guidare gli altri. L'ego dovrebbe essere completamente distrutto. Per quante persone si possano sedere su una sedia, essa non si lamenta. Allo stesso modo, anche se tante persone si arrabbiano con noi, dovremmo sviluppare la forza di sopportare e perdonare. Altrimenti non serve a niente compiere pratiche spirituali.

149

Se vi arrabbiate, molto del potere che avete guadagnato con la vostra pratica spirituale andrà perduto. Quando una macchina viaggia con moto uniforme non consuma molta energia, ma frenando e accelerando continuamente consumerà più benzina. Allo stesso modo, la rabbia vi prosciuga della vostra forza attraverso ogni poro del vostro corpo.

150

Anche se non si nota chiaramente, quando un accendino viene utilizzato per parecchio tempo, il combustibile si consuma; questa è una cosa che si sa ma non si vede. Similmente, l'energia acquisita attraverso buoni pensieri può essere persa in diversi modi. Per esempio, quando ci arrabbiamo, tutto quello che abbiamo guadagnato attraverso la pratica spirituale va perduto. Quando parliamo, sciupiamo energia attraverso la bocca, ma l'ira prosciuga l'energia anche attraverso gli occhi, le orecchie ed ogni poro del corpo.

151

Per un aspirante spirituale è essenziale osservare degli orari precisi. Stabilite una routine quotidiana per la ripetizione del mantra e la meditazione, alla stessa ora e per un tempo prestabilito. Sviluppate l'abitudine di fare le vostre pratiche spirituali ogni giorno alla stessa ora. Quest'abitudine vi farà progredire.

152

Coloro che sono abituati a bere il tè ogni giorno ad una certa ora, devono sempre bere il tè a quell'ora, altrimenti si sentiranno irrequieti e correranno a cercarlo. Coloro che hanno degli orari regolari per la disciplina spirituale, li seguiranno automaticamente.

Umiltà

153

La forza di un ciclone può sradicare alberi e far crollare edifici, ma per quanto impetuoso possa essere, esso non può far nulla ad un umile filo d'erba. Questa è la grandezza dell'umiltà, figli miei.

154

Inchinarsi non è un segno di debolezza. Dovremmo avere la grandezza di inchinarci persino all'erba. Se andate al fiume per lavarvi ma siete riluttanti ad inchinarvi all'acqua, ovvero ad immergervi, il corpo rimarrà sporco. Un aspirante spirituale, rifiutando di essere umile davanti agli altri, impedisce alla sua ignoranza di venire eliminata.

155

Gli esseri umani hanno l'arroganza di affermare che semplicemente premendo un bottone il mondo può essere ridotto in cenere. Ma per premere quel bottone, la mano deve muoversi. Noi non pensiamo al Potere che c'è dietro a questo movimento.

156

L'uomo dice di aver conquistato il mondo. Egli non è nemmeno in grado di contare i granelli di sabbia sotto i suoi piedi; individui così insignificanti dicono di aver conquistato il mondo!

157

Supponete che un uomo se la prenda con voi senza ragione. Come aspirante spirituale dovreste rispondere a questa persona con un'attitudine di umiltà, ed essere consapevoli che ciò che sta succedendo è un gioco di Dio per mettervi alla prova. Soltanto se riuscirete a fare ciò, allora si potrà dire che avete conseguito il beneficio della vostra meditazione.

158

Anche mentre un uomo lo sta tagliando, l'albero gli fa ombra. Un aspirante spirituale dovrebbe essere così. Soltanto colui che prega per il benessere degli altri, anche per coloro che lo fanno soffrire, può essere davvero definito una persona spirituale.

Egoismo e desiderio

159

L'ego sorge dal desiderio e dall'egoismo; l'ego si crea, non è naturale.

160

Supponete di andare a riscuotere del denaro che qualcuno vi deve. Vi aspettate di ricevere duecento rupie, ma ve ne danno soltanto cinquanta. Ciò vi fa così arrabbiare che aggredite l'altra persona e la picchiate; ne segue un processo in tribunale. La vostra ira non è forse il risultato del fatto che non avete ricevuto la cifra che vi aspettavate? A cosa serve biasimare Dio quando ricevete la punizione? Dalle aspettative nasce la rabbia, e dai desideri deriva il dolore. Questo è il risultato del rincorrere i desideri.

161

Il vento della grazia di Dio non può elevarci finché trasportiamo il peso dell'ego e dei desideri; il carico dovrebbe essere ridotto.

162

Su un albero che ha lasciato cadere tutte le sue foglie sbocciano molti fiori, mentre su altri alberi i fiori sbocciano solo qua e là. Figli miei, quando saremo totalmente liberi dalle tendenze negative, come l'egoismo, l'ego e la gelosia, allora otterremo la visione di Dio.

163

Un aspirante spirituale non dovrebbe avere la minima traccia d'egoismo. L'egoismo è paragonabile ad un verme che succhia il nettare dai fiori. Se non viene eliminato, il verme infesterà i frutti dell'albero, e tali frutti saranno immangiabili. Allo stesso modo, se permettete all'egoismo di crescere, esso divorerà tutte le vostre buone qualità.

164

C'è una grande differenza tra i desideri di un aspirante spirituale e quelli di una persona mondana. Come delle onde, i desideri dell'uomo mondano lo sommergeranno uno dopo l'altro e lo affliggeranno; non c'è fine ai suoi desideri. Per un ricercatore spirituale, invece, c'è soltanto un desiderio, e una volta che è stato realizzato, non ci saranno più desideri.

165

Anche l'egoismo di un aspirante spirituale sarà di beneficio al mondo. C'erano due ragazzi che abitavano in un villaggio. Entrambi ricevettero dei semi da un sannyasi di passaggio. Il primo ragazzo arrostì i semi e se li mangiò, togliendosi la fame: era una persona materialista. Il secondo ragazzo seminò i suoi semi nella terra e produsse così molto grano che distribuì alle persone affamate. Figli, anche se entrambi i ragazzi avevano avuto l'egoismo iniziale di accettare ciò che veniva dato loro, l'attitudine del secondo fu di beneficio a molte persone.

166

C'è soltanto un Sé ed è onnipresente. Quando la nostra mente si espande possiamo fonderci in Esso. Allora il nostro egoismo e l'ego se ne andranno per sempre. Per coloro che sono stabili in quello stato di coscienza suprema, tutto e tutti hanno la stessa importanza. Figli, senza sprecare un solo momento, servite gli altri e aiutate i poveri. Servite il mondo con altruismo, senza aspettarvi nulla in cambio.

167

Un piccolo egoismo può liberarci da un grande egoismo. Una piccola scritta che dice: "Divieto d'affissione", manterrà pulito il resto del muro. L'egoismo per Dio è così.

Alimentazione

168

Senza abbandonare il gusto della lingua, non si può sperimentare il gusto del cuore.

169

Non si può dire: "Questo cibo va bene, e questo invece no." L'effetto dell'alimentazione cambia anche secondo le condizioni climatiche. I cibi che qui (India del sud) non si mangiano, potrebbero farvi bene sull'Himalaya.

170

Quando vi sedete a mangiare, dovreste pregare Dio prima di cominciare a mangiare. Questo è il motivo per cui si recita un mantra prima di mangiare. Il momento giusto per mettere alla prova la nostra pazienza è quando abbiamo di fronte il cibo.

171

Un asceta non ha bisogno di vagabondare in cerca di cibo. Il ragno tesse la sua tela e rimane al suo posto; non va da nessuna parte a cercare da mangiare, perché la preda rimarrà impigliata nella tela. Allo stesso modo, il cibo arriverà da solo ad un asceta; ma perché ciò accada egli deve essersi completamente abbandonato a Dio.

172

L'alimentazione esercita un grande influsso sul nostro carattere. Un cibo stantio, per esempio, aumenterà il nostro *tamas* (indolenza).

173

Negli stadi iniziali della sua pratica, un aspirante spirituale dovrebbe avere controllo sul cibo. Una dieta incontrollata produrrà cattive tendenze. Una volta che i semi vengono piantati, si dovrebbe fare attenzione a non lasciare che i corvi li becchino. In seguito, quando il seme è diventato un albero, qualunque uccello può posarsi su di esso e costruirvi un nido. All'inizio, quindi, dovreste controllare rigorosamente la vostra alimentazione e fare la vostra pratica spirituale con regolarità. Ad uno stadio successivo, potrete anche mangiare cibo piccante, aspro o non vegetariano, e ciò non avrà alcun effetto su di voi. Figli, anche se Amma vi ha detto che ad uno stadio successivo si può mangiare qualunque cibo, non fatelo comunque. Dovreste essere un modello per il mondo, in modo che gli altri imparino osservandovi. Anche se siamo sani non dovremmo mangiare cibi piccanti e aspri di fronte ad una persona affetta da itterizia. Dovremmo avere autocontrollo per aiutare gli altri ad essere migliori.

174

Si dice che sia facile smettere di bere il tè o di fumare, tuttavia molte persone sono incapaci di farlo. Come è possibile controllare la mente se non si riesce nemmeno a controllare queste sciocchezze? Prima dovreste superare questi piccoli ostacoli. Se non sapete guadare un fiumiciattolo, come potrete attraversare l'oceano?

175

All'inizio un aspirante spirituale non dovrebbe mai mangiare nei locali pubblici (ristoranti). I negozianti, quando usano gli ingredienti, pensano soltanto a come realizzare un profitto maggiore. Mentre fanno il tè, pensano: "E' necessario tutto questo latte? Perché non ridurre lo zucchero?" Pensano soltanto a come ridurre la quantità per aumentare il loro profitto. La vibrazione di questi pensieri influenzerà il ricercatore spirituale.

C'era una volta un sannyasi che non aveva l'abitudine di leggere i giornali. Un giorno, dopo aver mangiato a casa di qualcuno, sorse in lui un intenso desiderio di leggere il giornale.

Da quel giorno cominciò a sognare giornali e notizie. Dopo aver indagato, scoprì che il cuoco della casa in cui aveva mangiato, leggeva il giornale mentre cucinava. L'attenzione del cuoco non era su quello che stava cucinando, ma sul giornale, e le onde di quel pensiero avevano influenzato il sannyasi.

176

Non mangiate mai troppo; metà dello stomaco dovrebbe essere per il cibo, un quarto per l'acqua e la parte rimanente per il movimento dell'aria. Minore è il cibo che mangiate, maggiore sarà il vostro controllo mentale. Non dormite né meditate subito dopo aver mangiato: non fa bene alla digestione.

177

Quando il vostro amore per Dio crescerà, sarete come una persona che soffre per la febbre. Se avete la febbre alta, non troverete alcun gusto nel cibo. Anche il cibo dolce avrà un gusto amaro. Lo stesso succede quando amate Dio; il vostro appetito diminuirà spontaneamente.

Brahmacharya

Vivere in castità

178

I cibi piccanti ed aspri sono nocivi per il *brahmacharya*. Non si dovrebbe usare nemmeno troppo sale. Il dolce, in una certa misura, è innocuo. Non fa bene consumare yogurt alla sera e non si dovrebbe bere troppo latte; si dovrebbe mescolare il latte con una pari quantità di acqua e poi bollirlo. Si dovrebbe evitare un eccessivo consumo d'olio, perché provoca un aumento di grasso nel corpo, il che crea un aumento del liquido seminale.

179

Non si dovrebbero mangiare troppi cibi gustosi. Se aumenta il desiderio di cibi gustosi aumenteranno anche le tentazioni del corpo. E' meglio non mangiare al mattino e prendere soltanto piccole quantità di cibo alla sera.

180

Non si deve temere la perdita del seme durante il sonno. Avete mai visto quando lo sterco di mucca viene bruciato e mischiato con l'acqua per farne della cenere sacra? All'interno del recipiente viene posto uno stoppino di stoffa con un capo che pende all'esterno. L'acqua in eccesso uscirà attraverso lo stoppino, ma l'essenza non andrà perduta. Solo dopo che l'acqua sarà stata espulsa, si formerà la cenere sacra. Si dovrebbe comunque fare particolare attenzione che la perdita non avvenga sognando.

181

Figli miei, ogni qualvolta sentite che il seme sta per uscire, dovreste alzarvi immediatamente e fare meditazione o ripetere il vostro mantra. Che questo accada o meno, il giorno successivo dovreste fare pratiche spirituali e digiunare tutto il giorno. Fare il bagno in un fiume o nel mare è di beneficio per il brahmacharya.

182

Durante certi mesi e giorni particolari l'atmosfera è molto impura. In questi periodi, per quanta attenzione si presti, si possono avere perdite di seme. Tale periodo va dalla metà di luglio alla metà di agosto.

183

A causa del calore generato dalla concentrazione della mente, il potere del brahmacharya si trasforma in *ojas* (forza vitale sottile). Se una persona che vive nel mondo osserva il celibato deve eseguire anche pratiche spirituali, altrimenti la trasformazione in ojas non avviene.

Il ricercatore e la
pratica spirituale

184

Figli, la nostra attitudine verso ogni cosa del Creato dovrebbe essere senza aspettative. Questo è lo scopo della pratica spirituale.

185

Non c'è scorciatoia per ottenere la visione di Dio. Sebbene lo zucchero cristallizzato sia dolce, nessuno lo ingoia intero, per non ferire la gola; si deve prima sciogliere in bocca e poi inghiottire. Similmente, le pratiche spirituali devono essere eseguite regolarmente e con pazienza.

186

Senza provare amore per Dio non serve a molto ripetere il mantra o fare meditazione. Ma d'altro lato, coloro che pensano d'iniziare a fare pratica spirituale solo dopo aver sviluppato amore per Dio sono degli oziosi. Sono come coloro che prima di fare il bagno aspettano che le onde del mare si plachino.

187

Attraverso la pratica spirituale generiamo *shakti* (energia), e il corpo si libera dalle malattie. Potremo anche lavorare in qualunque occasione senza stancarci facilmente.

188

La vostra Divinità Prediletta vi porterà fino alla soglia della realizzazione. Per venire all'ashram, se viaggiate in autobus fino al bivio per Vallikavu, potete poi facilmente venire a piedi fino al molo, non è vero? Similmente, la Divinità vi porterà fino al cancello dell'*akhanda satchidananda* (Esistenza-Consapevolezza-Beatitudine indivisa).

189

Figli miei, prima di poter insegnare al mondo bisogna acquisire la forza per farlo. Coloro che vanno sull'Himalaya prendono con sé degli indumenti di lana per proteggersi dal freddo. Allo stesso modo, prima di entrare nel mondo, la mente deve essere rafforzata per non venir disturbata dalle avversità. Questo è possibile soltanto attraverso la pratica spirituale.

190

Il vero *satsang* (compagnia dei saggi e discorsi spirituali) è l'unione dell'anima individuale con il Sé Supremo.

191

Colui che vuole intensamente dei datteri, si arrischierà ad arrampicarsi su un albero infestato dalle vespe per prendere i frutti. Allo stesso modo, colui che ha *lakshya bodha* (una forte determinazione a raggiungere la meta spirituale) supererà ogni circostanza avversa.

192

All'inizio, un pellegrinaggio è di beneficio per un aspirante spirituale; un viaggio pieno di difficoltà lo aiuterà a comprendere la natura del mondo. Ma coloro che non hanno ancora ottenuto sufficiente forza attraverso la loro pratica spirituale crolleranno di fronte alle prove e tribolazioni del mondo. E' necessario quindi eseguire una pratica spirituale continua, restando sempre nello stesso posto, senza sprecare tempo.

193

La perfezione dell'*asana* (posizione seduta) è la prima cosa che un aspirante spirituale deve sviluppare, ma non è sempre così facile da raggiungere. Ogni giorno, restate seduti cinque minuti in più del giorno precedente; in questo modo sarà gradualmente possibile sedere due o tre ore di fila. Se si sviluppa questo tipo di pazienza, allora ogni cosa verrà facilmente. Mentre camminiamo, siamo seduti, o facciamo il bagno, dovremmo sempre immaginare che la nostra Divinità Prediletta stia camminando con noi, sorridendoci. Dovremmo immaginare che la forma della nostra Divinità Prediletta sia in cielo davanti a noi e dovremmo pregarLa.

194

Figli miei, se piangete per Dio per cinque minuti, è come fare un'ora di meditazione. Nel pianto la mente si assorbe facilmente nel ricordo di Dio. Se non riuscite a piangere, pregate così: "Oh Dio, perché sono incapace di piangere per Te?"

195

Un aspirante spirituale non dovrebbe piangere per cose effimere, ma solo per la Verità. Le nostre lacrime dovrebbero essere versate solo per Dio. Un aspirante spirituale non dovrebbe mai essere debole; egli deve sostenere il peso del mondo intero.

196

I nostri sentimenti possono essere espressi in tre modi: con le parole, con le lacrime, con il sorriso. Figli, soltanto quando le vostre impurità mentali saranno lavate via da un fiume di lacrime di desiderio per il Divino, sarete in grado di sorridere davvero con cuore aperto. Solo allora sperimenterete la vera felicità.

197

La pratica spirituale è essenziale. Anche se il seme contiene la pianta, soltanto quando è adeguatamente coltivato, concimato e curato, germoglierà e darà fiori e semi. Allo stesso modo, anche se la Verità Suprema risiede in tutti gli esseri, Essa risplenderà soltanto con la pratica spirituale.

198

Se una pianticella viene piantata ma non debitamente curata, essa si seccherà. Bisogna prendersene cura regolarmente. Dopo che è cresciuta ed è diventata una pianta forte, allora, anche se si taglia la punta, continua a crescere con molti nuovi rami. Per quanto le regole possano essere difficili, negli stadi iniziali un aspirante spirituale vi si deve conformare. Soltanto allora crescerà.

199

Per un aspirante spirituale è utile visitare quartieri poveri, ospedali, ecc., almeno una volta al mese. Queste visite lo aiuteranno a comprendere la natura delle sofferenze della vita e a rendere la sua mente compassionevole.

200

Quando il latte viene fatto diventare caglio, non deve essere toccato; solo così se ne può ricavare il burro. Negli stadi iniziali della pratica spirituale è necessaria la solitudine.

201

Dopo aver piantato i semi, si deve fare attenzione che le galline non li becchino. In seguito, dopo essere germogliati, i semi sono al sicuro. Negli stadi iniziali di una pratica spirituale un aspirante non dovrebbe mischiarsi troppo con nessuno. I devoti che conducono vita di famiglia dovrebbero prestarvi particolare attenzione. Non sprecate tempo in chiacchiere con i vostri vicini. Ogni qualvolta avete del tempo, sedete da soli e ripetete il vostro mantra, praticate la meditazione o cantate dei canti devozionali.

202

Nelle profondità del mare non ci sono onde; le onde si formano soltanto in superficie. In fondo al mare tutto è calmo. Coloro che hanno conseguito la perfezione sono pieni di pace. Coloro invece che hanno conoscenze superficiali o che hanno letto solo due o tre libri spirituali, fanno un sacco di rumore.

203

Le onde del mare non possono essere distrutte; allo stesso modo, i pensieri della mente non possono essere eliminati. Una volta che la mente diventa profonda e vasta, le onde dei pensieri si calmano in modo naturale.

204

Figli miei, in un seme sono contenuti sia il reale che l'irreale. Quando si pianta un seme, la buccia si spezza e si dissolve nel terreno; è l'essenza del seme che germoglia e cresce. Similmente, sia il reale che l'irreale sono dentro di noi. Se viviamo attenendoci al reale nulla ci disturberà, anzi ci espanderemo. Se ci aggrappiamo all'irreale non riusciremo a crescere.

205

Quando conosci la Verità, il mondo intero è la tua ricchezza. Non vedi nulla come diverso dal tuo Sé.

206

E' attraverso le vostre azioni che si determina il vostro valore. Potete essere ben istruiti ed avere un buon impiego, ma se rubate nessuno vi rispetterà. Il vostro progresso come aspirante spirituale può essere giudicato dalle vostre azioni.

207

Avete mai visto soldati e poliziotti fermi come statue persino sotto la pioggia e sotto il sole cocente? Allo stesso modo, un aspirante spirituale, sia che sia in piedi, seduto o sdraiato, dovrebbe stare perfettamente immobile. Non ci dovrebbero essere movimenti inutili delle mani, delle gambe o del corpo. Per fare questo si può immaginare che il corpo sia morto. Infine, con la pratica, l'immobilità diventerà un'abitudine.

208

Un uomo che cerca di portare una barca in mare aperto, rema con forza, completamente concentrato su ciò che sta facendo. Le persone che osservano dalla riva lo incoraggiano agitando le braccia e gridando, ma il rematore non presta loro alcuna attenzione: il suo solo pensiero è di portare la barca al di là della morsa delle onde. Una volta che le onde sono state superate, non avrà più nulla da temere.

Se ne ha bisogno, si potrà persino riposare sui remi per alcuni minuti.

Allo stesso modo, voi siete in mezzo alle onde. Senza lasciarvi distrarre da niente, avanzate con grande vigilanza, senza perdere di vista la meta. Solo così giungerete a destinazione.

209

Un aspirante spirituale dovrebbe fare molta attenzione a non mischiarsi troppo al sesso opposto. Come con una tromba d'aria, ci si accorge del pericolo solo dopo esserne stati sollevati e scaraventati a terra.

210

Figli miei, l'acqua non ha colore, ma un lago o uno stagno hanno il colore del cielo che vi si riflette. Analogamente, è a causa del nostro carattere negativo che vediamo i difetti negli altri. Cerchiamo sempre di vedere il lato buono in tutti.

211

Un aspirante spirituale non dovrebbe partecipare a matrimoni o funerali. Durante i matrimoni, tutti, giovani e vecchi, penseranno al matrimonio; ad un funerale tutti si angosciano per la perdita di un essere mortale. Le onde dei pensieri presenti in entrambe le situazioni sono nocive per un aspirante spirituale. Le vibrazioni entreranno nella mente subconscia e renderanno il ricercatore inquieto per cose irreali.

212

Una persona spirituale dovrebbe essere come il vento. Il vento soffia sia sui fiori profumati che sugli escrementi dal cattivo odore, senza preconcetti. Allo stesso modo, un aspirante spirituale non dovrebbe avere attaccamento per coloro che gli dimostrano affetto, né provare risentimento per coloro che lo insultano. Per lui tutti sono uguali. Egli vede Dio in ogni cosa.

213

Non fa bene dormire durante il giorno, perché quando vi svegliate vi sentite esausti. Questo perché durante il giorno l'atmosfera è piena di onde pensiero impure, mentre la notte è molto meno inquinata. Al mattino quando ci alziamo dopo una notte di sonno, ci sentiamo pieni di energia. Per questo un aspirante spirituale dovrebbe meditare di più nella notte. Basta meditare cinque ore di notte piuttosto che dieci ore di giorno.

214

Figli miei, qualunque angoscia abbiate, guardate la natura e immaginate la forma della vostra Divinità Prediletta negli alberi, nelle montagne e negli altre cose, e confidate i vostri sentimenti a quelle parti della natura. Potete anche immaginare che la vostra Divinità Prediletta sia in piedi nel cielo, e parlate con Lei. Perché mai vorreste confidare i vostri dolori a qualcun altro?

215

Se siamo vicini a qualcuno che sta parlando, ciò che quella persona dice creerà una particolare aura intorno a noi. Una cattiva compagnia formerà un'aura negativa, causando in noi un aumento di pensieri impuri. Questo è il motivo per cui si dice che il *satsang* (compagnia dei saggi e discorsi spirituali) è necessario.

216

Quando uno scultore guarda un pezzo di legno o una pietra, vede soltanto l'immagine che può esservi scolpita; mentre tutti gli altri vedranno soltanto legno o roccia. Similmente, un ricercatore spirituale dovrebbe essere in grado di discernere l'eterno in ogni cosa. Dovremmo capire ciò che è eterno e ciò che è effimero e vivere con cautela. Dovremmo aggrapparci soltanto a ciò che è eterno. Figli, solo Dio è Verità eterna. Ogni altra cosa è falsa e non esistente. Le cose materiali non durano. Ciò che è eterno è Dio.

217

Figli, non si è tentati dalla nudità di un bambino. Dovrebbe essere possibile guardare chiunque con lo stesso spirito. Dipende tutto dalla mente.

218

Un aspirante spirituale dovrebbe fare molta attenzione all'inizio. Le ore più favorevoli alla meditazione sono fino alle undici del mattino e dopo le cinque del pomeriggio. Subito dopo la meditazione, prima di alzarvi, dovreste sdraiarvi in *savasana* (la posizione del morto) per almeno dieci minuti. Anche se meditate soltanto un'ora, dovreste poi rimanere in silenzio per almeno mezz'ora. Solo coloro che fanno questo ottengono pieno beneficio dalla loro meditazione.

219

Dopo aver iniettato la medicina ci vorrà un po' di tempo prima che si diffonda in tutto il corpo. Allo stesso modo, dopo aver fatto pratiche spirituali, si deve trascorrere un po' di tempo in silenzio. Se dopo due o tre ore di meditazione incominciate subito a parlare di cose mondane, o a fare molto rumore, non ricaverete nulla dalla vostra meditazione, anche se meditate da anni.

220

Se qualcuno vi fa perdere tempo parlandovi di cose inutili, dovreste ripetere il vostro mantra e contemplare la vostra Divinità Prediletta, o immaginare che la persona che sta parlando con voi sia la vostra Divinità Prediletta. Potete anche disegnare un triangolo a terra e immaginare che all'interno vi sia la vostra Divinità. Poi prendete dei sassolini e, immaginando che siano fiori, offriteli ai piedi della vostra Divinità. Dovreste parlare agli altri solo di argomenti spirituali. Coloro che apprezzano la spiritualità ascolteranno, gli altri se ne andranno subito. In questo modo il nostro tempo non sarà sprecato.

221

Figli miei, persino il respiro di un aspirante spirituale è sufficiente a purificare l'atmosfera, tale è il suo potere. Ci vorrà del tempo, ma questi fatti verranno senz'altro scoperti dalla scienza. Solo allora la gente ci crederà davvero.

222

Gli esseri umani non sono i soli ad avere la capacità di parlare. Anche gli animali, gli uccelli e le piante hanno questo potere, ma noi non abbiamo la capacità di comprenderli. Coloro che hanno sperimentato una visione del Sé sanno tutte queste cose.

223

L'acqua ristagna nei fossi e negli stagni. I germi e gli insetti amano riprodursi lì, causando malattie a molte persone. Il rimedio è di consentire all'acqua di scorrere collegando lo stagno ad un fiume. Allo stesso modo, oggigiorno le persone vivono con l'ego dell' 'io' e del 'mio'. I loro pensieri impuri causano sofferenze a molte persone. Siamo noi che dobbiamo allargare le loro menti ristrette e guidarli all'Essere Supremo. Per arrivare a questo, ognuno di noi dovrebbe essere disposto a fare qualche sacrificio. Ma solo con il potere acquisito con le pratiche spirituali possiamo guidare le persone.

224

Equanimità è *yoga* (unione con Dio). Quando viene raggiunta l'equanimità, si sperimenterà un continuo flusso di grazia. Da quel momento la pratica spirituale non sarà più necessaria.

L'aspirante spirituale
e la sua famiglia

225

Figli miei, è compito nostro occuparci dei nostri genitori se non c'è nessun altro a prendersene cura. Questo è il nostro dovere anche se abbiamo scelto di seguire il sentiero spirituale. Dovremmo considerare i nostri genitori come il nostro Sé, e servirli come tali.

226

Se i genitori sono un ostacolo alla vostra vita spirituale, obbedire loro non è necessario.

227

E' giusto dedicarsi alla vita spirituale anche se ciò significa disobbedire ai propri genitori? Supponete di dover andare in un luogo lontano per studiare medicina e che i vostri genitori non approvino. Se voi disobbedite e andate a studiare altrove, diventerete un medico e sarete in grado di salvare la vita di migliaia di persone, inclusi i vostri genitori. Il vostro egoismo diventa di beneficio per il mondo. Non c'è niente di male in questo. Se non aveste studiato per obbedire ai vostri genitori, avreste potuto occuparvi di loro, senza però avere la possibilità di salvare loro la vita.

Solo un ricercatore spirituale può amare disinteressatamente, servire il mondo e salvare davvero gli altri. Non sono forse accorsi in aiuto delle loro madri anche Shankaracharya, Ramana Maharishi[1] ed altri?

---

[1] Entrambi questi grandi santi lasciarono la propria casa in giovane età, ma poi tornarono dai loro genitori. Dopo una separazione di molti anni, Shankaracharya andò da sua madre che era sul letto di morte e la benedisse con una visione di Dio. E quando Ramana Maharishi completò le sue pratiche spirituali ed ebbe un luogo in vivere, invitò sua madre a stare con lui. Ella visse con lui a Thiruvannamalai finché morì e, con la grazia del figlio, si unì a Dio nel momento della morte.

228

Una volta che abbiamo scelto di condurre una vita spirituale, dobbiamo rinunciare ad ogni attaccamento alla nostra famiglia, altrimenti non ci sarà possibile progredire. Per quanto forte remiamo, se una barca è ancorata, non si muoverà. Avendo dedicato la nostra vita a Dio, dovremmo avere la fede incrollabile che Dio si prenderà cura della nostra famiglia.

229

Figli, chi è la nostra vera madre e chi è il nostro vero padre? Sono coloro che hanno dato vita ai nostri corpi? Per niente, loro sono soltanto i nostri genitori adottivi. Una vera madre o padre sono coloro che sono capaci di riportare alla vita un bambino morente e Dio soltanto è capace di ciò; dovremmo ricordarcene sempre.

230

Una pianticella che cresce all'ombra di un grande albero crescerà bene per qualche tempo. Ma quando l'albero perde le foglie, per la piccola pianta cambia tutto, e appassirà in fretta sotto il sole cocente. La condizione di coloro che vivono all'ombra della loro famiglia è simile.

Per chi ha famiglia

231

Oggigiorno l'amore e la devozione che proviamo per Dio è come l'amore che proviamo per i nostri vicini; se i vicini non vivono come piace a noi, litighiamo con loro. Con Dio abbiamo la stessa attitudine: se Dio non soddisfa tutte le nostre piccole richieste, smettiamo di pregare e di ripetere il mantra.

232

Pensate quanto siamo pronti a faticare per vincere una causa in tribunale! Facciamo code lunghissime per entrare al cinema; il nostro desiderio di vedere il film è così intenso che non ci preoccupiamo se la gente si accalca e spinge. Siamo disposti a sopportare tutte queste difficoltà per un po' di felicità esteriore. Se facessimo questi sacrifici nella vita spirituale, ciò sarebbe sufficiente a farci raggiungere la Beatitudine Eterna.

233

Supponiamo che un bambino si ferisca ad una mano. Se proviamo a confortarlo dicendogli: "Tu non sei il corpo, né la mente, né l'intelletto", egli non capirà niente e continuerà a piangere. Allo stesso modo, non serve a niente dire ad un uomo che vive nel mondo: "Tu non sei il corpo, tu sei Brahman; il mondo è irreale." Forse da ciò può nascere qualche piccolo cambiamento, ma in realtà gli si dovrebbero dare consigli pratici da applicare nella vita quotidiana.

234

Figli miei, molti di coloro che provano improvviso piacere nella spiritualità dopo aver ascoltato un discorso spirituale, non saranno in grado di seguire una vita spirituale stabile. Per quanto si comprima una molla, quando la pressione viene allentata, immediatamente essa assumerà di nuovo la sua forma originale.

235

Oggigiorno sembra che nessuno abbia più il tempo di andare al tempio o negli ashram o di fare una pratica spirituale. Ma se nostro figlio è ammalato, siamo pronti ad aspettare nell'atrio dell'ospedale tutto il tempo necessario, senza dormire. Per mezzo metro di terra, siamo pronti ad attendere fuori dal tribunale per giorni e giorni sotto la pioggia o sotto il sole, senza curarci di marito, moglie o figli. Possiamo fare la coda per ore in un negozio affollato per comperare un ago che costa due lire, ma non abbiamo il tempo di pregare Dio. Figli miei, per coloro che amano Dio, si trova automaticamente il tempo per le pratiche spirituali.

236

Chi dice che non c'è il tempo di ripetere il mantra? Potete recitare il mantra camminando, un mantra ogni determinato numero di passi. Potete anche fare la vostra pratica spirituale mentre viaggiate in autobus, immaginando nel cielo la forma della vostra Divinità Prediletta. O potete anche ripetere il mantra sull'autobus, ad occhi chiusi; in questo modo, non sprecherete tempo e la mente non verrà distratta dalle attrazioni che incontra lungo la strada. Potete ripetere il mantra anche mentre vi occupate delle faccende domestiche. Coloro che sono interessati troveranno sempre il tempo per le pratiche spirituali.

237

Se non si riesce a dormire, ci sono i tranquillanti. Per dimenticare il dolore, sono disponibili sostanze inebrianti come gli alcolici e la marijuana. Ci sono anche i cinema. A causa di queste cose oggigiorno quasi nessuno cerca Dio. Le persone non si rendono conto che queste sostanze le stanno distruggendo. Quando si fa uso di queste droghe, l'acqua contenuta nel cervello si riduce. E' così che ci si sente ebbri. Attraverso l'uso continuo di queste sostanze, i nervi nel corpo incominciano a contrarsi per la disidratazione. Dopo qualche tempo, si sarà colti da tremore e da stanchezza, e poi non si sarà più in grado nemmeno di camminare. Perdendo vitalità e splendore le persone gradualmente degenereranno e i loro figli saranno affetti dagli stessi disturbi.

238

Figli, è la mente che ha bisogno d'essere rinfrescata con l'aria condizionata, non la stanza. Dopo aver usato il condizionatore nella stanza, le persone vi si suicidano. Farebbero una cosa del genere se il lusso avesse dato loro la felicità? La vera felicità non si trova all'esterno, ma solo dentro di noi.

239

Quando un cane trova un osso, lo addenta; e quando esce del sangue, il cane pensa che venga dall'osso. Non sa che il sangue che sta leccando viene in realtà dalle sue gengive ferite. Cercare la felicità nelle cose esteriori è così.

240

Non si fa uno steccato tagliando i rami di un albero da frutta molto produttivo; a questo scopo vengono usati soltanto alberi meno utili. Se si comprendesse il valore della vita, non la si sprecherebbe in piaceri sensoriali.

241

Non c'è un momento particolare in cui una persona con famiglia dovrebbe iniziare la vita spirituale. Dovremmo iniziare quando ci sentiamo pronti a rinunciare. Non dobbiamo forzare questa scelta, essa verrà spontaneamente. Mentre viene covato, un uovo non dovrebbe essere aperto con il becco: si deve schiudere da solo. Se, per esempio, vostra moglie e i vostri figli possono vivere in modo agiato senza di voi e voi avete uno spirito di rinuncia, allora potete abbandonare ogni cosa e cominciare una vita di rinuncia. Dopodiché non dovreste più pensare alla vostra casa.

242

Nei tempi antichi s'insegnava ai bambini a distinguere tra il permanente e l'impermanente. Veniva insegnato loro che lo scopo della vita è la realizzazione di Dio. Ai bambini veniva fornita un'istruzione che permetteva loro di capire chi erano. Oggigiorno i genitori incoraggiano i loro figli soltanto a guadagnare denaro. Qual è il risultato? Il figlio non conosce il padre ed il padre non conosce il figlio. Ci sono inimicizie e litigi tra loro. Possono anche uccidersi l'un l'altro per motivi egoistici.

243

Figli miei, la realizzazione di Dio non è possibile senza fare una pratica spirituale, ma quasi nessuno è pronto a fare degli sforzi. Nelle fabbriche, gli operai del turno di notte fanno il loro lavoro senza dormire. Non diventano negligenti dicendo che sono stanchi; se non fanno attenzione possono perdere una mano o una gamba e poi perderebbero anche il lavoro. Questa sorta di vigilanza e di distacco è necessaria anche nella vita spirituale.

244

Un bambino al tramonto può preoccuparsi pensando: "Il sole è scomparso!" Al mattino, al sorgere del sole, il bambino si rallegrerà per il suo ritorno. Un bambino non conosce la verità sul sorgere e tramontare del sole. Figli miei, è per lo stesso motivo che ci rallegriamo per i guadagni e ci angosciamo per le perdite.

245

Osservate un uomo che conduce le anatre attraverso la laguna in una barca minuscola. La barca è così piccola che egli non può nemmeno stare in piedi comodamente. Se mette il piede nel posto sbagliato, la barca può affondare. Se respira troppo forte la barca si rovescia, tanto è piccola. Egli guida le anatre e con il rumore del remo sull'acqua richiama le anatre che si allontanano. Se nella barca entra dell'acqua, la elimina con i piedi. Chiacchiera anche con le persone che sono sulla riva. Ad intervalli fuma. Anche mentre fa tutte queste cose in quella piccola barca, la sua mente è sempre concentrata sul remo. Se si distraesse anche solo per un momento, la barca potrebbe capovolgersi ed egli cadrebbe in acqua.

Figli, dovremmo vivere nel mondo in maniera simile. Qualunque lavoro facciamo, la nostra mente dovrebbe essere centrata su Dio.

246

Un ballerino equilibrista fa molte acrobazie con un vaso sulla testa. Egli danza e si rotola a terra, ma la sua mente è sempre concentrata sul vaso. Allo stesso modo, con la pratica è possibile fissare la mente su Dio mentre si compie qualunque lavoro.

247

Pregate Dio piangendo in solitudine. Se c'è una ferita sul vostro corpo, la vostra mente sarà sempre concentrata sulla ferita. Similmente, stiamo soffrendo per la malattia della trasmigrazione (nascita, morte e rinascita). Dovremmo avere l'intenso desiderio di essere curati da questa malattia. Solo allora le nostre preghiere saranno sincere, e il nostro cuore si scioglierà d'amore per Dio.

248

Brahma, Vishnu e Shiva[2] creano, nutrono e distruggono i desideri. L'uomo crea e nutre i desideri, ma non li distrugge. Figli, oggi è necessaria la distruzione dei desideri.

---

[2] Brahma, Vishnu e Shiva sono i tre aspetti di Dio associati con la creazione, il mantenimento, e la dissoluzione dell'universo.

249

Coloro che lavorano in un ufficio o in una banca maneggiano milioni di rupie, ma sanno che il denaro non gli appartiene, così non ci pensano. Sanno anche che i clienti non sono dei parenti, e che non c'è sincerità nelle loro attenzioni affettuose, che sono motivate dall'egoismo. Perciò per loro non fa differenza se i clienti parlano con loro oppure no. Anche noi dovremmo vivere così. Se viviamo comprendendo che niente e nessuno al mondo ci appartiene, allora non avremo più problemi.

250

Figli, la concentrazione viene con la consapevolezza della meta. Possiamo progredire soltanto attraverso la concentrazione.

251

Il seme del mango è amaro, ma se cucinato adeguatamente se ne possono ricavare molti piatti gustosi. Ciò richiede uno sforzo. Lo

Srimad Bhagavatam è per i ricercatori spirituali. Se viene letto con attenzione vi si possono trovare tutti i principi della spiritualità. Ma per coloro che non hanno una mente che cerca di capire, è soltanto una storia. Generalmente non va bene leggere il Bhagavatam al pubblico facendosi pagare, ma se un capofamiglia non sa come trovare il denaro per sopravvivere, allora non è sbagliato leggere il libro per guadagnarsi da vivere.

252

Se volete vivere comodamente in un luogo pieno d'immondizia, dovete togliere i rifiuti e bruciarli. Solo allora potrete viverci. Potreste ripetere il mantra e fare meditazione in una simile immondizia? I rifiuti puzzolenti vi renderebbero irrequieti. Per purificare l'atmosfera si eseguono le *homa* (cerimonie sacre col fuoco sacrificale) e le *yagna* (offerte). In questo modo si ottiene aria pura; ma Dio non ha bisogno di homa e yagna.

253

In nome della politica la gente non esita a commettere omicidi o a spendere enormi quantità di denaro. Sono state spesi milioni di rupie per una manciata di rocce trovate sulla luna, ma la gente raramente è interessata a fare homa e yagna, che costano molto meno denaro e sono altamente benefiche per la società. Si può accettare che la gente non compia questi sacrifici, ma è ridicolo che li condanni senza comprenderne il beneficio. Questa è ignoranza.

254

Figli, potete condurre contemporaneamente sia una vita spirituale sia una vita nel mondo. Ma qualunque sia lo stile di vita che conducete, deve essere possibile per voi compiere le vostre azioni senza attaccamenti ed aspettative.

La sofferenza deriva dal pensare: "Io ho fatto questo, devo ottenerne il frutto." Inoltre non dovremmo mai pensare che nostra moglie, il marito o i figli ci appartengono. Se abbiamo l'attitudine che ogni cosa appartiene a Dio, allora non ci sarà attaccamento. Quando moriremo, nostro marito, la moglie e i figli non ci accompagneranno. Solo Dio è eterno.

255

Per quanta ricchezza abbiamo, se non ne capiamo il valore e l'uso corretto, ne risulterà soltanto dolore. Figli miei, anche se siete molto ricchi, il piacere che ne ricavate è soltanto temporaneo; non vi può dare felicità eterna. Non è forse vero che i re Kamsa e Hiranyakashipu possedevano enormi ricchezze? Pur avendo ogni cosa, che pace mentale aveva Ravana? Tutti loro si allontanarono dal sentiero della Verità e vissero in modo arrogante. Fecero molte cose proibite e il risultato fu che persero tutta la quiete e la pace mentale.

256

Amma non dice che si dovrebbe rifiutare la ricchezza. Se sappiamo usarla nel modo giusto, la felicità e la pace diverranno la nostra ricchezza. Figli miei, per coloro che sono pienamente devoti a Dio, la ricchezza materiale è come del riso in cui sia caduta della sabbia.

Libertà dalla sofferenza

257

Il frutto di ogni azione può essere bilanciato da un'altra azione. Se una pietra viene lanciata verso l'alto, possiamo afferrarla prima che cada a terra. Allo stesso modo, il risultato di un'azione può essere cambiato. Non c'è bisogno di angosciarsi e di lamentarsi del proprio destino; il destino può essere cambiato dalla decisione Divina. L'oroscopo di una persona può prevedere una chiara probabilità di matrimonio, ma se fin da giovani si compiono pratiche spirituali, questa prospettiva può cambiare. Anche nei poemi epici vi sono esempi di questo tipo.

258

Colui che viaggia su un fiume non si cura di pensare alla sorgente del fiume. In passato potremmo aver compiuto molti errori; non serve a niente pensare e preoccuparsi di queste cose. Sforziamoci di modellare il futuro, questo è l'importante.

259

Figli miei, non pensate mai: "Sono un peccatore, sono un buono a nulla." Per quanto una patata sia marcia, se c'è una piccola parte ancora sana, da quel punto potrà nascere un germoglio. Allo stesso modo, se c'è anche solo una debole traccia di *samskara* (predisposizione) spirituale in noi, possiamo crescere aggrappandoci ad esso.

260

Abbiamo sempre pensato che il corpo fosse di suprema e durevole importanza; ciò ci ha causato molto dolore. Ora proviamo a pensare nel modo opposto: il Sé è eterno ed è il Sé che deve essere realizzato. Se questo pensiero viene fissato fermamente nella nostra mente, i nostri dolori saranno eliminati e vi sarà solo Beatitudine.

261

Se state trasportando un grosso peso, il semplice pensiero che la meta è vicina vi farà sentire più a vostro agio, poiché potrete presto scaricare il vostro fardello. D'altra parte, se pensate che la meta è lontana, il peso sembrerà maggiore. Similmente, quando pensiamo che Dio è con noi, tutti i nostri fardelli vengono alleggeriti.

Una volta che siete saliti su un battello o su un autobus, perché dovreste continuare a tenere in mano il vostro bagaglio? Appoggiatelo a terra! Allo stesso modo, dedicate ogni cosa a Dio. Egli vi proteggerà.

262

Ovunque vadano, le persone criticano quello che vedono. La loro mente diventa irrequieta a causa di ciò. Quest'abitudine dovrebbe cambiare. Dovremmo dimenticare i difetti del luogo, cercare di scoprire cosa c'è di utile, e rispettarlo. Fate così. Vedete sempre e soltanto il lato positivo in ogni luogo ed in ogni cosa; allora il dolore cesserà.

263

Supponiamo di cadere in una buca; ci strappiamo forse gli occhi perché non ci hanno guidato bene? Proprio come sopportiamo i difetti dei nostri occhi, dovremmo essere compassionevoli verso gli altri e tollerare sempre i loro difetti.

Vasana

Tendenze innate

264

Anche se c'è una sola formica nello zucchero, essa deve essere rimossa. Altrimenti, se rimane, ne seguiranno altre. In modo simile, anche una piccola traccia d'egoismo è sufficiente a far seguire altre vasana.

265

L'esaurimento delle vasana e la distruzione della mente (ego) sono la stessa cosa. Questa è la Liberazione.

266

La prima vasana nell'anima di un individuo, proviene da Dio, ed il karma inizia da questo. E' a causa del karma che avvengono le nascite successive; la ruota di nascita, morte e rinascita continua a girare. Soltanto attraverso l'esaurimento delle vasana è possibile sfuggirvi.

Le attività spirituali come il satsang, i canti devozionali e la meditazione, sono utili per esaurire le vasana.

267

Le vasana rimarranno fino al conseguimento della Liberazione. Soltanto nello stato di Liberazione le vasana saranno completamente eliminate. Fino a che non si è raggiunto questo stato, l'aspirante spirituale deve procedere con la massima discriminazione, altrimenti è possibile cadere in ogni momento. Coloro che guidano in strade congestionate dal traffico devono fare molta attenzione; se girano gli occhi anche solo per un momento, può avvenire un incidente. Se si guida in uno spazio aperto, non c'è nulla da temere perché ci sono soltanto il guidatore e la macchina. All'inizio della vita spirituale tutto è pericoloso, e bisogna fare la massima attenzione. Nello stato di Liberazione c'è soltanto il puro Sé; non vi è dualità e quindi non c'è più pericolo.

268

Le vasana di un'Anima Liberata non sono vasana nel vero senso del termine. La rabbia, per esempio, è solo una manifestazione esteriore, all'interno un'Anima Liberata è completamente pura. La calce viva sembra avere una forma, ma se la toccate si sgretola.

269

Figli miei, soltanto un Maestro spirituale può rimuovere completamente le vostre vasana, altrimenti si deve essere nati con una fortissima predisposizione spirituale. Lo sciacallo pensa: "Non ululerò più quando vedrò un cane!", ma nel momento in cui vede un cane si ripeterà la stessa vecchia storia. Lo stesso vale per le vasana.

270

Non è facile eliminare il flusso dei pensieri; questo avviene in uno stato avanzato. Potete distruggere i pensieri impuri aumentando quelli puri.

271

Le vasana negative non se ne andranno da sole. Ma è possibile eliminarle per mezzo di buoni pensieri; come quando abbiamo dell'acqua salata in un contenitore e vi aggiungiamo ripetutamente dell'acqua dolce, l'acqua perderà gradatamente la sua salinità.

Siddhi
Poteri psichici
272

Figli miei, esibire le *siddhi* oltre certi limiti è contro natura. Quando si mostrano le siddhi, le persone ne sono attratte. Le Anime Realizzate evitano per quanto possibile di mostrare i loro poteri psichici e, anche se lo fanno, non c'è perdita d'energia per loro. Se il potere necessario per realizzare un fenomeno psichico venisse impiegato per trasformare un uomo in un sannyasi, sarebbe un bene per il mondo. Se un ricercatore rimane affascinato dalle siddhi, egli devierà dalla meta.

273

Le Anime Realizzate non ostentano le loro siddhi; è molto raro che succeda. In particolari circostanze, le loro siddhi si possono manifestare spontaneamente e non con l'intenzione di intrattenere gli astanti. Non sforzatevi di ottenere le siddhi; esse sono impermanenti. Un'Incarnazione Divina viene per rimuovere i desideri, non per crearli.

Samadhi

274

Figli, il *sahaja samadhi* (la naturale permanenza nel Sé) è la perfezione. L'anima che realizza questo stato vede il principio divino in ogni cosa. Una tale anima percepisce ovunque soltanto la pura coscienza, libera da ogni traccia di *maya* (illusione). Proprio come uno scultore vede in una pietra soltanto l'immagine che può esservi ricavata, un Mahatma vede in ogni cosa soltanto la Divinità onnipresente.

275

Immaginate che vi siano una palla di gomma e un anello all'interno di ciascuno di noi. La palla, che è la mente, rimbalza continuamente su e giù, e l'anello è la nostra meta finale. Qualche volta la palla viene catturata nell'anello e rimane immobile. Questo può essere chiamato samadhi. Ma la palla non rimarrà lì per sempre, ricomincerà di nuovo a muoversi su e giù. Alla fine, si raggiungerà uno stato in cui la palla rimarrà sempre nell'anello, senza altri movimenti. Questo stato è chiamato sahaja samadhi.

276

Meditando su una forma si può raggiungere il *savikalpa samadhi* (percezione della Realtà ultima mantenendo il senso di dualità). Quando si vede la forma della propria Divinità Prediletta, l'attitudine dell' 'io' è presente, quindi c'è dualità.

Nella meditazione senza forma, poiché non c'è traccia del senso dell' 'io', la dualità viene completamente distrutta. Il *nirvikalpa samadhi* si consegue in questo modo.

277

Nello stato di nirvikalpa samadhi non c'è un'entità che dice: "Io sono Brahman." Ci si è fusi in Esso. Quando una persona comune raggiunge il nirvikalpa samadhi, non può più ritornare nel corpo. Quando viene assorbita nel samadhi, poiché l'anima non ha preso la risoluzione di tornare, essa lascerà il corpo immediatamente. Quando si stappa una bottiglia di soda, il gas fa un piccolo rumore e si fonde nell'aria circostante. Allo stesso modo l'anima si fonde per sempre con Brahman. Soltanto le Incarnazioni Divine possono mantenere il corpo dopo aver conseguito il nirvikalpa samadhi. Conoscendo lo scopo della loro incarnazione e mantenendo la loro risoluzione, esse ritornano ripetutamente nel mondo.

278

Figli miei, per un'Incarnazione Divina non ci sono distinzioni tra nirvikalpa samadhi e gli stati al di sopra o al di sotto. Le Incarnazioni Divine hanno solo poche limitazioni, che Esse stesse hanno assunto al fine di realizzare lo scopo per cui si sono incarnate.

279

Anche dopo aver conseguito il nirvikalpa samadhi non tutti saranno uguali; c'è una differenza tra un aspirante spirituale che ha sperimentato lo stato di samadhi e un'Incarnazione Divina. La differenza può essere paragonata a quella che c'è tra una persona che ha visitato Bombay e poi è tornata a casa sua, ed una che vi abita permanentemente. Se viene chiesto loro se sono mai stati a Bombay, entrambi diranno di sì, ma colui che vive a Bombay avrà una conoscenza più completa del luogo.

280

Sapete cos'è lo stato di samadhi? Solo Beatitudine. Non c'è felicità né dolore; non ci sono né 'io' né 'tu'. Questo stato può essere paragonato al sonno profondo, ma c'è una differenza: nel samadhi c'è piena consapevolezza mentre nel sonno non c'è consapevolezza.

Inoltre, nel sonno non c'è né 'io' né 'tu' né 'noi'; soltanto quando ci svegliamo emergono l' 'io', il 'tu' e il mondo, e nella nostra ignoranza pensiamo che siano reali.

281

Non è possibile descrivere l'esperienza di Brahman; essa è un'esperienza puramente soggettiva. Perfino le esperienze del mondo sono difficili da descrivere. Supponete d'avere mal di testa; sareste capaci di spiegare esattamente quanto dolore provate? Se ciò non è possibile, come si fa ad esprimere a parole l'esperienza di Brahman? Non si può.

Il Creato

282

Figli miei, a causa della Volontà Primordiale, sorse una vibrazione in Brahman. Da quella vibrazione nacquero le tre *guna* (qualità): *sattva* (bontà, purezza, serenità), *rajas* (attività, passione) e *tamas* (oscurità, inerzia, ignoranza). Le tre guna sono rappresentate dalla trinità di Brahma, Vishnu e Shiva. Esse sono dentro di noi. Ciò che esiste nell'universo, esiste all'interno di noi.

283

Sul piano relativo, il Sé è sia l'anima individuale sia il Sé Supremo. L'anima individuale è la parte che raccoglie i frutti del suo karma (azioni). Il Sé Supremo è la coscienza testimone. Esso non compie azioni, è immobile.

284

Solo quando esiste *maya* (l'illusione) c'è un Dio. Trascendendo maya con costanti pratiche spirituali, raggiungiamo lo stato di Brahman. Lì non esiste nemmeno la minima traccia di maya.

285

Figli, *mithya* non significa non-esistente, significa sempre-mutevole. Per esempio, prima ci sono le lenticchie, poi c'è il piatto di lenticchie fritte con olio e spezie (frittelle, 'vada'). La forma è cambiata ma la sostanza non scompare.

286

Anche se la spiaggia è sporca, non ci gioiamo comunque la bellezza del mare? La mente non si sofferma sui rifiuti. Allo stesso modo, quando la mente è fissata su Dio, non resta invischiata in maya.

287

Potete considerare un ago insignificante perché costa poco, ma il valore di un oggetto non è determinato dal suo costo, ma dalla sua utilità. Per Amma un ago non è insignificante. Qualunque possa essere l'oggetto, bisogna tenerne in considerazione l'utilità e non il costo. Se vediamo le cose in questo modo, allora nulla è insignificante.

288

Vi è un gruppo di persone che sostiene che la creazione non sia mai avvenuta. Nel sonno non sappiamo niente. In quel momento non c'è oggi, né domani, non c'è nessuno, io, tu, marito, moglie, figlio o corpo. Questo è un esempio per spiegare che Brahman esiste di per Se stesso. Il concetto di 'io' e di 'mio' è la causa di tutti i problemi. Qualcuno potrebbe chiedere: "Non c'è un'entità che gioisce del sonno e svegliandosi dice: 'Ho dormito bene?'" Diciamo che abbiamo dormito bene solo a causa delle sensazioni di benessere che il corpo ha ricavato dal sonno.

Razionalismo

289

Figli miei, a causa delle lotte provocate da pochi fanatici religiosi, ha senso affermare che i templi e i luoghi di culto non sono necessari? Si potrebbe allora dire che i medici e gli ospedali non sono necessari, solo a causa degli errori compiuti da alcuni dottori? Certamente no. E' necessario eliminare i conflitti religiosi, non i templi di Dio.

290

Nei tempi antichi i razionalisti amavano la gente, ma cosa possiamo dire dei razionalisti di oggi? Atteggiandosi a razionalisti, gonfiano il loro ego e creano problemi. Il vero razionalista è colui che si dedica ai principi della verità ed ama gli altri anche a costo della propria vita. Dio s'inchinerà di fronte a lui. Ma quante persone così ci sono oggigiorno?

291

Quando in un credente si sviluppano la devozione e la riverenza, nascono in lui anche qualità come l'amore, la verità, la compassione, la rettitudine, la giustizia; coloro che si avvicinano a lui trovano pace e conforto. Questo è il beneficio che il mondo ricava da un vero credente in Dio. Ma il razionalista d'oggi, senza avere studiato adeguatamente né le Scritture né altro, si aggrappa a due o tre parole prese da qualche libro e comincia a crear confusione. Questo è il motivo per cui la Madre dice che il razionalismo di oggi crea solo i presupposti per un disastro.

Natura

292

Le azioni dell'uomo condizionano la grazia della Natura.

293

Figli, la Natura è un libro da studiare; ogni oggetto della Natura è una pagina di quel libro.

294

Gli aspiranti spirituali utilizzano l'energia della Natura per la loro meditazione, per nutrirsi e per molte altre cose. Almeno il dieci per cento dell'energia e delle risorse che prendiamo dalla Natura dovrebbe essere usata per aiutare gli altri. Altrimenti, la vita è inutile.

Figli miei, ancora una cosa…

295

Non dobbiamo arrabbiarci con chi compie atti malvagi. Se proviamo rabbia, essa deve essere rivolta verso le sue azioni e non verso di lui.

296

Figli miei, mangiate per vivere, dormite per risvegliarvi.

297

Proveniamo da Dio. Abbiamo in noi una debole consapevolezza di ciò. Questa consapevolezza dovrebbe diventare piena e completa.

298

Dal concime nascono piante dai fiori profumati e bellissimi. Allo stesso modo, crescete in grandezza traendo forza dalle prove e dalle tribolazioni della vita.

299

Tutto intorno a noi ci sono moltissime persone che faticano perché sono senza casa, senza vestiti, cibo e cure mediche. Con il denaro che una persona spende in un anno in sigarette, si potrebbe costruire una casetta per un senza tetto. Quando diventeremo compassionevoli verso i poveri, il nostro egoismo se n'andrà. Non rinunceremo a nulla; al contrario, ricaveremo soddisfazione dalla felicità altrui. Quando ci liberiamo dall'egoismo diventiamo degni della grazia di Dio.

300

Figli, solo coloro che hanno studiato possono insegnare. Solo coloro che hanno possono dare. Sol
Solo coloro che sono completamente liberi dal dolore possono liberarne completamente gli altri.

301

Ogni posto ha un centro del cuore, ed è lì che si concentra tutta l'energia. Allo stesso modo, l'India è il cuore del mondo. Il *Sanatana Dharma* (la religione eterna), che ebbe origine qui in India, è la sorgente di tutti gli altri sentieri. Quando si sente la parola 'Bharatam' (India) si sperimenta il pulsare di pace, bellezza e luce. La ragione è che l'India è la terra dei Mahatma; sono loro che trasmettono la forza vitale, non solo all'India, ma al mondo intero.

302

La coscienza di Dio permea la freschezza del vento, la vastità del cielo, la bellezza della luna piena, tutti gli esseri e tutte le cose. Realizzare questo è lo scopo della vita umana. In questo kali yuga, un gruppo di giovani, rinunciando ad ogni cosa, andrà in giro per il mondo a diffondere la gloria spirituale.

303

Figli miei, guardate il cielo. Siate come il cielo:
è vasto, pieno di pace ed abbraccia ogni cosa.

Glossario

Avatar: 'Discesa.' Un'Incarnazione Divina. Lo scopo di un'Incarnazione di Dio è di proteggere il bene, distruggere il male, ristabilire la rettitudine nel mondo e condurre l'umanità alla meta spirituale della realizzazione del Sé. E' molto raro che un'Incarnazione sia una 'discesa' completa e perfetta (Purnavatar).

Bhajan: canto devozionale.

Brahmacharya: 'Dimorare in Brahman.' Celibato e disciplina della mente e dei sensi.

Brahman: l'Assoluto, la Realtà ultima

Brahma Sutra: aforismi del saggio Badarayana (Veda Vyasa) che espongono la filosofia vedantica.

Bhakti: devozione.

Bhakti yoga: 'Unione attraverso la bhakti.' Il sentiero della devozione e dell'amore. La via per raggiungere la realizzazione del

Sé attraverso la devozione e il completo abbandono a Dio.

Dharma: 'Ciò che sostiene l'universo.' Dharma ha molti significati, tra cui Legge Divina, legge dell'esistenza in accordo con l'armonia divina, rettitudine, religione, compito, responsabilità, virtù, giustizia, bontà e verità. Dharma significa i principi interiori della religione. Il dharma ultimo di un essere umano è di realizzare la sua innata Divinità.

Diksha: iniziazione

Guna: la Natura Originaria (*prakriti*) è formata dalle tre guna, o qualità fondamentali, tendenze o stimoli, che sono alla base di ogni manifestazione: *sattva, rajas, tamas.* Queste tre guna agiscono e reagiscono continuamente tra loro. Il mondo fenomenico è composto di differenti combinazioni delle tre guna.

Guru: 'Colui che rimuove il buio dell'ignoranza.' Maestro spirituale, guida.

Japa: ripetizione di un mantra.

Jnana yoga: "Unione attraverso jnana". Il sentiero della Conoscenza. Conoscenza del Sé e della vera natura del mondo. Implica uno studio profondo e sincero delle sacre Scritture, distacco (*vairagya*), discriminazione (*viveka*), meditazione ed il metodo intellettuale di porsi domande su se stessi ('Chi sono? Cosa sono?' oppure 'Io sono Brahman'), che serve per rompere l'illusione di maya e raggiungere la realizzazione di Dio.

Karma yoga: 'Unione attraverso l'azione.' Il sentiero spirituale del servizio distaccato e disinteressato, offrendo a Dio il frutto di tutte le proprie azioni.

Krishna: 'Colui che ci attira a Sé', o 'Dalla pelle scura.' La principale incarnazione di Vishnu, Dio nel suo aspetto di Protettore.

Egli nacque in una famiglia reale, ma crebbe con genitori adottivi e da giovane visse come pastore in Vrindavan, dove fu amato e adorato dai suoi devoti compagni, i gopa e le gopi. Krishna in seguito divenne sovrano di Dwaraka. Fu amico e consigliere dei suoi cugini, i Pandava, soprattutto di Arjuna, al quale rivelò i suoi insegnamenti nella *Bhagavad Gita*.

Mahatma: 'Grande Anima.' Quando Amma usa la parola 'Mahatma' si riferisce ad un Essere Realizzato.

Mala: rosario solitamente fatto con semi di rudraksha, legno di tulasi o di sandalo.

Mantra: sacra formula o preghiera. Attraverso la costante ripetizione, risveglia i poteri spirituali latenti del ricercatore e lo aiuta a raggiungere la meta. E' molto più efficace se viene ricevuto da un vero Maestro spirituale.

Narasimha: il divino uomo-leone. Parziale incarnazione di Vishnu.

Ojas: energia sessuale tramutata in energia vitale sottile, attraverso la pratica spirituale del celibato.

Pranayama: controllo della mente attraverso il controllo del respiro.

Rishi: Rsi = conoscere. Saggio realizzato. Di solito si fa riferimento ai sette Rishi dell'antica India, Anime Realizzate che potevano 'vedere' la Verità Suprema ed espressero le loro illuminazioni nella composizione dei Veda.

Samadhi: Sam = con; adhi = il Signore. Unità con Dio. Uno stato di concentrazione profonda e focalizzata in cui tutti i pensieri si calmano, la mente entra in uno stato di completa immobilità in cui rimane solo la Pura Coscienza, mentre si dimora nell'Atman (Sé).

Samskara: Samskara ha due significati. 1) La totalità delle impressioni raccolte nella mente attraverso le esperienze (di questa vita o di vite precedenti), che influenzano la vita di un essere umano, la sua natura, azioni, stato della mente, ecc. 2) Ciò che stimola la comprensione (conoscenza) corretta in ogni persona, e che porta al perfezionamento del carattere.

Sannyasi o sannyasini: un monaco o una monaca che ha preso i voti formali di rinuncia. Un sannyasi(ni) tradizionalmente veste di colore ocra, che rappresenta il fuoco che ha bruciato via tutti gli attaccamenti.

Satguru: un Maestro Spirituale Realizzato.

Satsang: *Sat* = verità, essere; *sanga* = associazione con. Essere in compagnia di santi, saggi e virtuosi. Anche un discorso spirituale fatto da un saggio o da un letterato.

Srimad Bhagavatam: una delle diciotto scritture conosciute come *Purana*, che descrive le incarnazioni del Signore Vishnu, ed in particolare la vita di Sri Krishna, inclusa l'infanzia. Si dà grande enfasi al sentiero della devozione.

Tamas: buio, inerzia, apatia, ignoranza. Tamas è una delle tre guna o qualità fondamentali della Natura.

Tapas: 'Calore.' Disciplina, austerità, penitenza, sacrificio di sé; pratiche spirituali che bruciano le impurità della mente.

Vasana: *Vas* = restare, rimanere. Le vasana sono le predisposizioni latenti o i desideri sottili della mente che hanno una tendenza a manifestarsi nelle azioni e nelle abitudini. Le vasana sono il risultato delle impressioni delle esperienze (samskara) che esistono nel subconscio.

Yoga: "Unire". Una serie di metodi attraverso i quali si può ottenere l'unione con il Divino. Sentiero che porta alla realizzazione del Sé.

Yogi: colui che è stabile nella pratica dello yoga, o è una cosa sola con lo Spirito Supremo.

CPSIA information can be obtained
at www.ICGtesting.com
Printed in the USA
BVHW090830111021
618671BV00010B/403